Jörg-Thomas Födisch / Reinold Louis

Eine deutsche Rennfahrerkarriere – Graf Berghe von Trips

DU

Eine deutsche Rennfahrerkarriere Graf Berghe von Trips

Jörg-Thomas Födisch
Reinold Louis

Numerierte und limitierte Ausgabe

Heel

HEEL-Verlag GmbH, Wintermühlenhof, 53639 Königswinter
Tel. 02223/9230-0, Fax 02223/923026

Verantwortlich für den Inhalt:
Jörg-Thomas Födisch, Reinold Louis

Druck: Dr. Cantz'sche Druckerei, Ostfildern

ISBN 3-89365-548-4

Inhalt

Limitierte, farbige und handsignierte Kunstdruck-Editionen

Wolfgang Graf Berghe von Trips

„Wolfgang Graf Berghe von Trips"

von Graham Turner

Das Portrait des Rennfahrers mit Porsche 550/1500 RS am Nürburgring 1956 (Klassensieg beim 1000-Kilometer-Rennen mit Umberto Maglioli) und Ferrari Dino 156 F1 in Zandvoort 1961 (Sieg beim Großen Preis der Niederlande).

Blattformat: 42 cm x 50 cm.
Auflage: 500 Stück.
Preis eines farbigen Druckes: DM 150,--
inklusive Versandkosten.

„The Final Victory"

von Nicholas Watts

British Grand Prix, Aintree, 1961.
„Taffy" gewinnt sein letztes Rennen im Ferrari Dino 156 F1 vor seinen Teamkollegen Phil Hill und Richie Ginther. Im Bild festgehalten, von Trips vor Stirling Moss auf Lotus-Climax in der Anfangsphase des Rennens.

Blattformat: 83 cm x 64 cm.
Auflage: 500 Stück.
Preis eines farbigen Druckes: DM 210,--
inklusive Versandkosten.

Mehne Automobil Accessoires
Wagnerstrasse 66 • 74906 Bad Rappenau
Phone 07264/3533 • Fax 07264/3534

Vorwort

Mitte der 50er Jahre habe ich Wolfgang Graf Berghe von Trips kennengelernt, als er noch unter dem Pseudonym »Axel Linther« Rennen bestritt. Wir fuhren in dieser Zeit beide auf Porsche, und schon damals fiel mir an Wolfgang, der etwas später als ich mit dem Motorsport begonnen hatte, auf, wie souverän, wie hilfsbereit er war und welch freundliches Wesen er hatte. Ich erinnere mich noch gut daran, wie reserviert wir deutschen Motorsportler in jenen Jahren im Ausland empfangen wurden. Nur wenige von uns wurden sofort wieder akzeptiert.

Besonders Wolfgang aber hat es verstanden, Mißtrauen und Vorurteile abzubauen, Kontakte zu pflegen und zu erneuern. Er hat sich nicht nur als Rennfahrer, sondern als Mensch, Vermittler und Partner große Verdienste um den deutschen Sport erworben. Selbst als Wolfgang durch den Motorsport schon weltbekannt war, kannte er das Wort »Distanz« nicht. Wie zu Beginn seiner Karriere waren für ihn Tugenden wie Bescheidenheit, Hilfsbereitschaft und Höflichkeit oberstes Gebot. Sein edler Charakter, ja seine Ritterlichkeit haben ihn, so glaube ich, zu dem gemacht, was er wohl auch heute noch ist: ein Vorbild für die Jugend.

In mehreren Rennen, die ich gegen ihn gefahren bin, lernte ich auch seine überaus faire und anständige Einstellung zum Rennsport und zum Gegner kennen. Nur allzuoft hat Wolfgang geäußert: »Ich tue im Rennen all das, was mir nützt, tue aber nichts, was anderen schaden könnte.«

Ich glaube, in der derzeitigen Formel 1 wäre Wolfgang fehl am Platze. Seine Tugenden und seine Auffassungen vom Motorsport würden heute – leider – bei den meisten als nicht mehr zeitgemäß gelten.

Überhaupt, unser Sport war zur damaligen Zeit schöner, nicht nur deshalb, weil der finanzielle Aspekt eine untergeordnete Rolle spielte.

Ich erfuhr vom Tod meines Freundes Wolfgang im Schwarzwald aus dem Autoradio. Mit einem Journalisten war ich gerade auf einer Testfahrt. Ich höre noch die Stimme des Reporters Günther Jendrich aus Monza: »Im glanzvollen und sportlichen Auftakt wich die Unruhe in den letzten Minuten, in der letzten halben Stunde. Die verschiedensten Gerüchte kursierten, und was ich mit Angst und mit Sorge befürchtete, ist mir eben durch die offizielle Mitteilung der Rennleitung bestätigt worden.«

Schon da wußte ich, jemand ist tödlich verunglückt. Und wenige Augenblicke später wurde meine Ahnung bestätigt, als Jendrich mitteilte: »Unser Wolfgang Graf Berghe von Trips ist in der Südkehre tödlich verunglückt.«

Ich bin sehr froh darüber, daß Jörg-Thomas Födisch und Reinold Louis die Aufgabe übernommen haben, anläßlich des 30. Todestages unseres Wolfgang Graf Berghe von Trips ein Album zu veröffentlichen. Ich wünsche mir, daß durch dieses Buch das Andenken an einen großartigen Menschen und einen erfolgreichen Sportler lebendig bleibt.

Hans Herrmann

Burg Hemmersbach

Anno 1077 taucht der edle und tapfere Ritter Wicmannus von Hemmersbach mit gleichnamigem Burgbesitz – damals an anderer Stelle gelegen – in den Annalen auf. 1322 verstirbt der letzte Burgherr dieser

Burg Hemmersbach, Stammsitz der Familie

Linie. Da kein männlicher Erbe vorhanden ist, fallen Burg und Ländereien an die Tochter, die mit Johann II. Scheiffart von Merode verheiratet ist. Rund 300 Jahre, bis zu ihrem Aussterben, hat diese Stammeslinie auf der im späten 14. Jahrhundert – am jetzigen Standort errichteten Burg – das Sagen. Um 1590 folgen die van Vercken und ab 1731 zunächst die von Bentick.

Im Jahre 1751 erhält Franz Adolf Berghe, genannt Trips, die Herrschaft über Hemmersbach als Lehen des Herzogs von Jülich; Kaiser Franz II. erhebt ihn 1796 in den Reichsgrafenstand. Österreichische Truppen hatten die Burg aber bereits 1793 niedergebrannt.

Kinder
und Jugendzeit

Unter Staatsrat Ignaz Berghe von Trips wird 1839/40 auf den Grundmauern der Burg ein völlig neuer Bau errichtet. Graf Ignaz bleibt kinderlos, und so fällt die Burg nach seinem Tod an seinen Bruder Clemens August, dem Graf Clemens Maximilian folgt. Dessen Sohn Eduard nimmt als väterliches Erbe die Burg 1932 mit Ehefrau Thessa und Sohn Wolfgang in Besitz. »Wölfchen«, so nennen ihn seine Eltern, ist vier Jahre alt, als er mit seinen Eltern nach Horrem kommt: »Für mich begann auf Burg Hemmersbach, unserem Schloß, eine himmlische Zeit. Ich erhielt ein kleines, abgegrenztes Gebiet, wo ich im Sommer mit einem Sandkasten, einem Planschbecken und einem kleinen Häuschen lebte. Mein Gesichtskreis wuchs sozusagen von Jahr zu Jahr. Erst war es nur mein Sandkasten, dann die umliegenden Bäume, und dann wuchs sozusagen der Park mit hinein.«

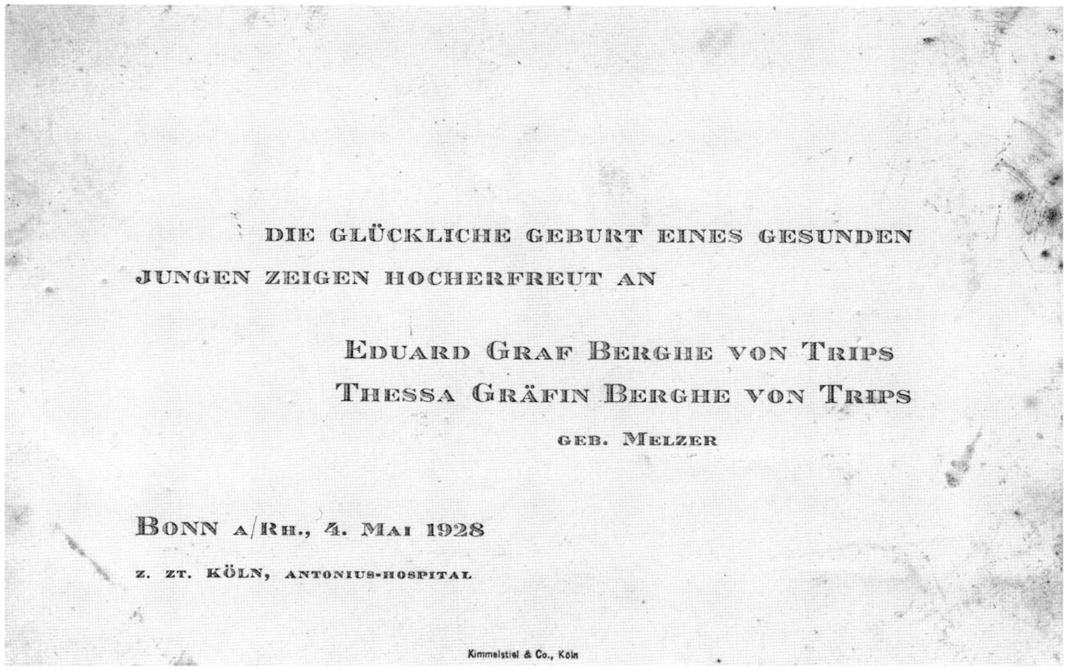

DIE GLÜCKLICHE GEBURT EINES GESUNDEN JUNGEN ZEIGEN HOCHERFREUT AN

EDUARD GRAF BERGHE VON TRIPS
THESSA GRÄFIN BERGHE VON TRIPS
GEB. MELZER

BONN A/RH., 4. MAI 1928
Z. ZT. KÖLN, ANTONIUS-HOSPITAL

Kimmelstiel & Co., Köln

Wölfchen, einziger männlicher Nachkomme derer von Trips, wird zum Sorgenkind. Nach einer Mittelohr-Operation im ersten Kriegswinter erleidet er eine Gehirnhaut-Reizung und kommt nur haarscharf am Schlimmsten vorbei. Zurück bleibt eine große Narbe nach einem tiefen Operationsloch. Lange kämpfen die Ärzte um den Erhalt des Gehörs auf dem linken Ohr, glücklicherweise mit Erfolg. Wölfchen, sehr geschwächt, bleibt lange in der Klinik. Die Mutter wacht die ganze Zeit über am Krankenbett. 1942 trifft Wolfgang der nächste Schicksalsschlag:

Bei einem Ferienaufenthalt am Walchensee tritt plötzlich eine Lähmung der linken Gesichtshälfte ein. Als die Mutter in der Münchner Klinik eintrifft, hat ihr Sohn schon eine völlige Gesichtslähmung. »Ich konnte die Augen und den Kiefer bewegen, sonst aber nichts. Weder konnte ich die Backen ziehen, noch die Lippen bewegen, noch konnte ich die Augen schließen.«

Vier Monate muß »Wölfchen« in der Klinik bleiben, eine Sauerstoff-Flasche immer griffbereit neben sich. »Für alle Fälle«, denn eine »Eiserne Lunge« war damals noch unbekannt. Noch einmal Graf Wolfgang: »Ich hatte aber während meines Klinikaufenthaltes keine Angst, ich war fest überzeugt, daß es wieder wird. Ich mußte nur beim Trinken mit den Händen mein Gesicht festhalten, sonst wäre mir alles heruntergelaufen, es war ja alles wie tot. Nachts hatte ich eine Binde über den Augen, weil ich die ja nicht zumachen konnte. Ich konnte selber essen, ich konnte auch kauen. Kiefer und Kopf konnte ich bewegen. Ich war allerdings sehr behindert beim Sprechen. Mit der Zeit ging es aber aufwärts. Ganz langsam, langsam, kam die Bewegung wieder. Und zwar zuckte es erst um die Mundwinkel, und es war ein Gefühl, als habe ich mich elektrisiert.«

Mit seiner Mutter
auf Burg Hemmersbach, 1938.

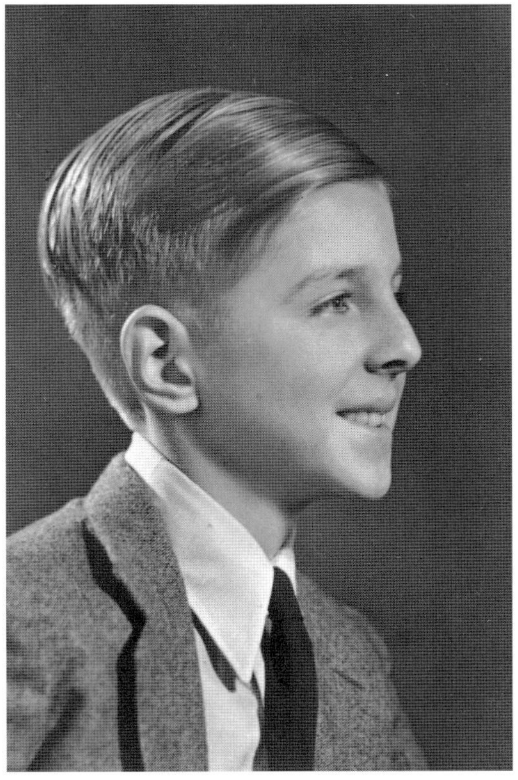

Der »mittelmäßige Schüler«, wie sich Graf Wolfgang später selbst charakterisierte, wechselt – auch bedingt durch die Kriegswirren – von der Bergheimer Oberschule zum Pädagogium Godesberg, muß dieses Internat aber 1948 »durch selbstverschuldete Gründe, wobei Faulheit die größte Rolle spielte«, verlassen. Anfang Januar 1949 beginnt auf der Waldorf-Schule in Benefeld ein neuer Lebensabschnitt: »Mit den Faxen war es aus, denn ich kam in diesem Landschulheim in eine Gruppe ernster und reifer junger Menschen. Wir wohnten in winzigen Zimmern zu dritt zusammen, schliefen in Klappbetten übereinander und hatten kaum etwas zu essen. Abends mußten wir früh schlafen gehen, weil das Licht ausgeschaltet wurde. Aber ich war sehr glücklich, weil ich in einem Kreis von interessanten und interessierten jungen Menschen war...«

Im März 1951 verläßt Graf Wolfgang mit dem Abschlußzeugnis der 13. Klasse die Schule in Benefeld und verbringt die nächste Zeit auf Burg Hemmersbach, besucht die Rohloff-Schule in Köln und arbeitet in seinem heißgeliebten Zimmer unter dem Dach der Burg. Der Maler Jacky von Reppert-Bismarck – dem die Eltern Wohnrecht auf der Burg eingeräumt haben – portraitiert ihn des öfteren.

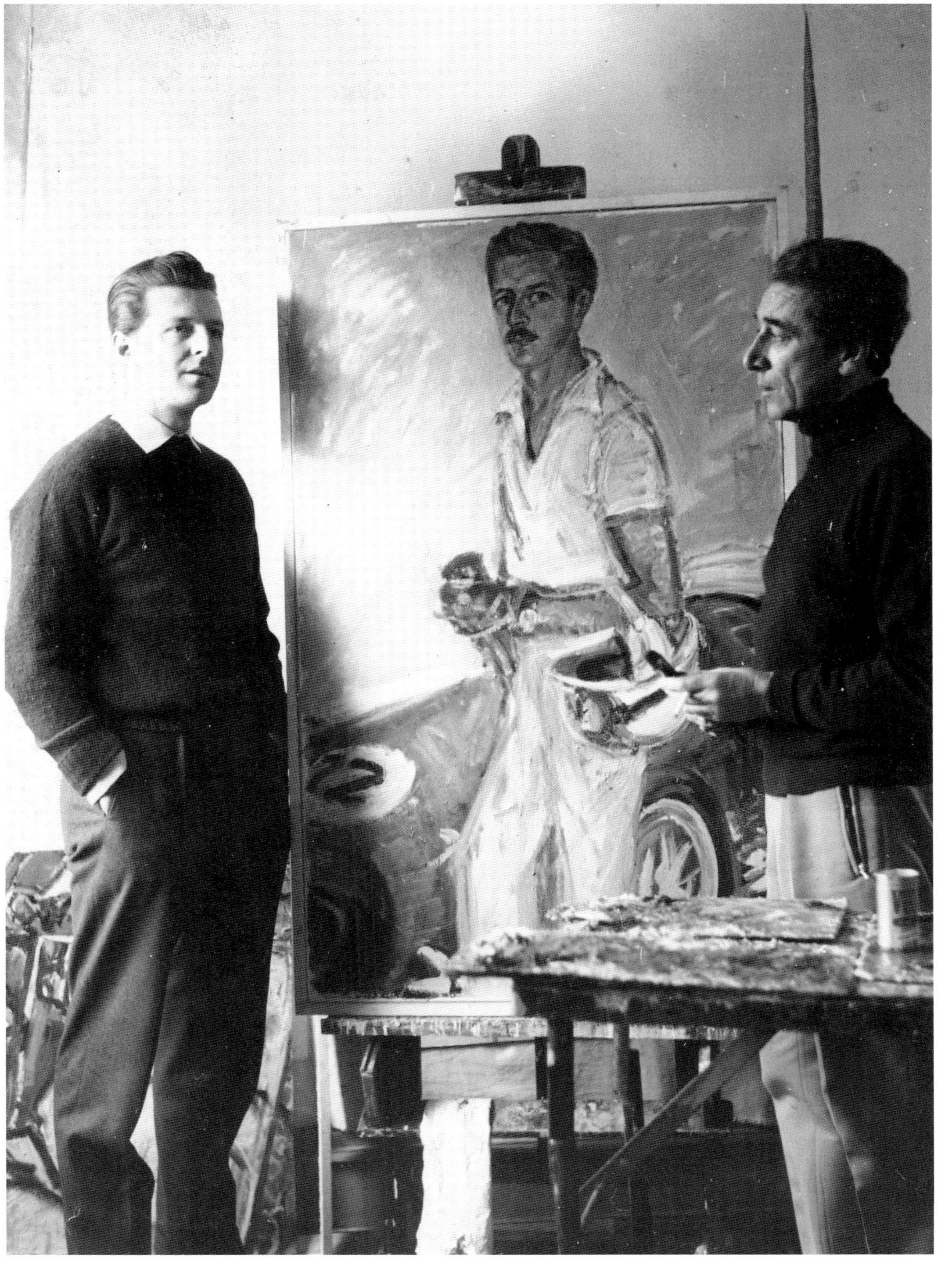

DR. EBERHARD SEIFERT ~~Wernau/Neckar · Telefon Plochingen 7519~~
Stuttgart-Möhringen, Dornröschenweg 13 · Tel. 71 01 74

27.9.57.

Lieber Graf Trips,

hier ist Ihr Porsche-Evinrude-Porträt. Sollten Sie für autogrammlüsterne Evas Nachschub brauchen, so lassen Sie bitte von sich hören.

Mit bestem Gruß,
Ihr

Postscheckkonto Stuttgart 11458 Bankkonto: Rhein-Main Bank Stuttgart 24406

Der passionierte Wassersportler und Filmer.

Mit den Eltern, während seines Aufenthaltes in München, 1955.

Die betrieblichen Probleme – auf Hemmersbach wird Landwirtschaft und Obstbau betrieben – belasten den jungen Grafen sehr. Zunächst versucht er sich im elterlichen Betrieb, doch Mitte 1952 geht er als Eleve auf ein Landwirtschaftsgut nach Wahn und ein Jahr später auf einen Bauernhof nach Enzen bei Euskirchen. Während er zu seiner Wahner Zeit an Wochenenden dem Motorsport frönte, zieht er sich bei Bauer Bieger in Enzen völlig zurück. Durch körperlich harte Arbeit und die Abgeschiedenheit mit Abstinenz von Motorrad und Freunden, vermittelt ihm nach eigenen Angaben »Reife fürs Leben«. Im September 1953 besteht er seine Landwirtschaftsprüfung mit »gut« und wird auf die »Höhere Landbauschule« in Brühl aufgenommen.

Wolfgangs Arbeitszimmer auf Burg Hemmersbach.

Victor Rolff, den er durch Zufall in Köln kennenlernt, bringt ihn zum Porsche-Club Köln. Graf Trips verkauft sein Motorrad und wendet sich dem Automobilsport zu, beteiligt sich an Zuverlässigkeitsfahrten und fährt erfolgreich Rennen. Auf der »Mist-Akademie«, von Einheimischen auch »Kappes-Akademie« genannt, besteht er mit gutem Prädikat sein Landwirt-Diplom. Die mündliche Prüfung muß er einen Tag nach dem Gewinn der Deutschen Meisterschaft ablegen. Von nun an folgt ein Siegerpokal dem anderen, und die Zeit für Hobbies wird immer knapper.

In Wolfgangs Zimmer füllen immer mehr Pokale und Schleifen von Siegerkränzen die Vitrine. An seinem Schreibtisch findet man ihn jetzt häufiger bei der Beantwortung von Fan-Post, beim Schreiben von Artikeln für Fachzeitschriften oder beim Abfassen von Autotests. Seinem Film-Hobby bleibt er aber treu. Auf Reisen oder auf Rennpisten ist er nie ohne seine 16-mm-Bolex-Kamera zu sehen. Seine Filmausbeute ist beträchtlich und viele seiner Aufnahmen haben schon fast professionellen Zuschnitt. Wenn es die Umstände zulassen, gehen Schlauchboot und Außenbordmotor mit auf die Reisen.
Im elterlichen Betrieb muß man derweil immer mehr ohne den Junior auskommen.

Erfolge im Motorradsattel

Die Eltern erlauben ihm den Kauf einer 125er Maico. Einmal »Benzin gerochen«, folgt der Maico schon bald eine 500er Vorkriegs-BMW, deren Kaufpreis sich der Schüler von Trips regelrecht vom Munde abspart. In einem BMW-Club in Braunschweig lernt Graf Trips viele Gleichgesinnte kennen, und schon bald beteiligt er sich an einer Orientierungsfahrt, auf der er mit seiner BMW R 51 nach 120 Kilometern einen 5. Platz belegt. Ein kleiner dreieckiger BMW-Wimpel ist die erste Sporttrophäe, die er in seinem Leben erhält, und seit jenem Oktober des Jahres 1950 läßt ihn der »Motorsport-Bazillus« nicht mehr los.

Die ADAC-Rheinlandfahrt 1950 (Silbermedaille), eine Geländefahrt 1950 in Hamburg, ein Geschicklichkeitsturnier in Kerpen 1951 und eine Geländefahrt in Frechen lassen aufhorchen und so wird er in eine Mannschaft des ADAC Gau Nordrhein aufgenommen, die 1951 bei der Deutschen Schwarzwaldfahrt die Goldmedaille erringt. Zusammen mit Hans-Rolf Clasen und Helmut Beyel kennt man sie fortan als die »Wildsäue«. 1952/53 beteiligt sich Graf Trips erfolgreich an zahlreichen Zuverlässigkeits- und Sternfahrten.

Als Fahrer einer Tornax im Gelände- und Zuverlässigkeitssport.

Der lange Weg an die Spitze

XXI. Mille Miglia
Brescia, 2. Mai 1954

Anfang Mai 1954 bestreitet Wolfgang Graf Berghe von Trips mit dem Wolfsburger Ingenieur Walter Hampel, der über Huschke von Hanstein einen Beifahrer gesucht hatte, die Mille Miglia. Der Hampel-Porsche erhielt die Startnummer 228. Das bedeutete, daß der Start am frühen Morgen um 2.28 Uhr erfolgte.

Nach rund 14 Stunden Fahrzeit mit einer Durchschnittsgeschwindigkeit von 112 km/h gewinnt das Team Trips/Hampel die 1300er-GT-Klasse knapp vor Max Nathan/Helm Glöckler und wird 33. im Gesamtklassement. Alberto Ascari auf Lancia ist der umjubelte Gesamtsieger.

Hinter Jeeser belegt ein strahlender Graf Trips den zweiten Rang in der Klasse der 1600er. Als Neuling im Automobilrennsport hatte er sich einen gebrauchten Porsche und von seinem letzten Geld einen 1500er-Super-Motor gekauft. Trips stand unter dem Druck, einen Geldpreis gewinnen zu müssen, um sein auf »Pump« erworbenes Auto behalten zu können. Die »Eingeweihten« freuten sich mit ihm, als er Zweiter in seiner Klasse wurde.

XVII. Internationales ADAC-Eifel-Rennen
Nürburgring, 23. Mai 1954

In den Semesterferien – Graf Trips besucht die »Höhere Landwirtschaftsschule« in Brühl – fährt er mit einem Freund nach Paris, besucht Bekannte in Südfrankreich und fährt so »ganz nebenbei« die 12 Heures d'Hyères. Auf der Rückfahrt zur »Mist-Akademie« landet er, übermüdet, mit seinem Wagen in einem Graben.

12-Stunden-Rennen von Hyères
Juni 1954

12 HEURES D'HYÈRES 1954

Vor rund 100000 Zuschauern starten vor dem »Großen Preis von Berlin für Rennwagen« die Serienfahrzeuge in der 1300- und 1600-ccm-Klasse um die deutsche Meisterschaft. Bei den 1,6-Liter-Wagen liegt Helm Glöckler anfangs knapp vor Helmut Polensky. Nach dem Motordefekt des Glöckler-Porsche siegt Polensky vor Conty und Heuberger. Graf Trips – unter dem Pseudonym »Axel Linther« gestartet – wird mit Rundenabstand Fünfter. In der Punkte-Addition aller Rennen der Saison liegt Graf Trips klar in Front und ist somit Deutscher Meister in dieser Klasse vor Glöckler, Jeeser und Polensky. Zusammen mit seinem Kölner Freund Victor Rolff – er erringt den Titel in der 1300er Klasse – steht Axel Linther alias Wolfgang Graf Berghe von Trips glückstrahlend auf dem Siegertreppchen. Am darauffolgenden Tag darf er sich in Brühl nach erfolgreich verlaufener Prüfung über ein gutes Staatsexamen freuen.

Großer Preis von Berlin
Avus/Berlin, 19. September 1954

Im Januar 1955 beginnt Graf Trips ein Volontariat beim Bankhaus Auffhäuser in München. Seinen »Blätterteig-Porsche« stellt er in einem Hinterhof ab. Um den wertvollen Rennmotor zu schonen, baut er ihn aus und lagert ihn, fein unter einer Decke verpackt, in dem kleinen Zimmer neben seinem Bett. Ein für 300 DM erworbener alter VW-Motor, dem die Kaltstarts im Winter nichts ausmachen, kommt unter die Porsche-Haube.

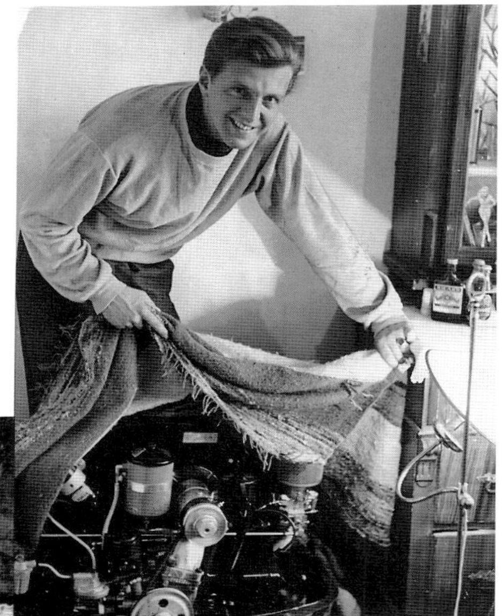

XII. Mille Miglia
Brescia, 30. April 1955

Wolfgang Graf Berghe von Trips und Richard von Frankenberg nach ihrer Zielankunft in Brescia. Trips, der ohne große Streckenkenntnis mit seinem uralten, wenn auch motorisch sehr guten Porsche allein fuhr, hatte ein prächtiges Rennen bestritten. Er führte unangefochten vor von Frankenberg/Oberndorff, bis ihm am Futa-Paß das Gasgestänge aushakte. Trips arretierte die Vergasergestänge mit Bindedraht in der Vollgasstellung und regulierte von nun ab 500 Kilometer weit seinen Motor nur noch mit dem Zündschlüssel. Mit wenig mehr als vier Minuten Rückstand hinter von Frankenberg/Oberndorff und rund 15 Minuten vor einer Alfa Romeo Giulietta wurde er noch Zweiter in der Gran-Tourismo-Klasse. Überlegene Gesamtsieger aber werden Stirling Moss/Denis Jenkinson, die auf ihrem Mercedes 300 SLR nach etwas mehr als 10 Stunden Brescia erreichen.

XVIII. Internationales
ADAC-Eifel-Rennen
Nürburgring, 29. Mai 1955

Wolfgang von Trips hat nach seinem Sieg in der GT-Klasse bis 1300 ccm – vor Paul Ernst Straehle – Grund zur Freude. Die Fachpresse urteilt nach dem Eifel-Rennen:
»Graf Trips als Sieger der 1300er hat seit dem vorigen Jahr große Fortschritte gemacht. Er gehört zusammen mit Götze, Spingler, Nathan und Günzler gegenwärtig zur Gran-Tourismo-Elite in Deutschland, wobei er von allen sicher am unbeschwertesten, jungenhaftesten fährt.«

Graf Trips liefert sich mit Paul Ernst Straehle einen erbitterten Kampf in der 1300er GT-Klasse. Als Trips nach knapp 2,5 Stunden die Kontrollstelle in Belluno erreicht, löst seine Zwischenzeit zunächst ungläubiges Staunen, dann große Begeisterung aus. Um mehr als 10 Minuten hat von Trips zu diesem Zeitpunkt den bisherigen Klassenrekord unterboten. Zwischen Belluno und Auronzo rutscht Graf Trips mit seinem Wagen in einer Linkskurve gegen einen Baum und muß mit verbogener Hinterachse ausscheiden. Trips-Kommentar auf der Rückseite des Fotos, knapp und bündig: »Ich habe hier auf drei Pässen neue Bestzeiten gefahren. Dann bin ich aber rausgeflogen.«

IX. Coppa d'Oro delle Dolomiti
Cortina d'Ampezzo, 10. Juli 1955

Der 1. Große Sportwagenpreis von Schweden wird ohne Hubraumbeschränkung für Gran-Tourismo-, Seriensport- und Rennsportwagen ausgetragen. Trips startet zum ersten Mal in einem Rennen auf einem Mercedes-Werkswagen. Im 300 SL macht er eine gute Figur, bis schließlich seine stark beanspruchten Bremsen an Wirkung verlieren und er an einer Spitzkehre geradeaus fährt, Strohballen zum Bremsen benutzend.

Beim abendlichen »Festbankett zu Ehren der weltberühmten Rennabteilung der Daimler-Benz AG« lernt Graf Trips die »Großen« des Metiers näher kennen. Sein Kommentar auf der Rückseite der autogrammgeschmückten Menu-Karte: »Das sind alles ganz prima Burschen, die da unterzeichnet haben. Habe an dem Abend Tränen gelacht, hauptsächlich über Neubauer.

Großer Preis von Schweden
für Sportwagen
Kristianstad, 7. August 1955

Internationales
ADAC-500-Kilometer-Rennen
Nürburgring, 28. August 1955

Hans U. Wieselmann, Chefredakteur von auto, motor und sport, schreibt nach dem 500-Kilometer-Rennen:
»In der 1300- und 1600er-Porsche-Klasse wurde wieder einmal heiß gekämpft. In der kleineren Kategorie war es das Rennen eines Mannes: Graf Trips. Er ist heute mit Abstand der beste Mann auf diesem Auto. Er fährt elegant, immer auf demselben Strich, risikolos und dabei unglaublich schnell. Sein Durchschnitt von 110,1 km/h für die 502 Kilometer Nürburgring entspricht Rundenzeiten von durchschnittlich 12,25 Minuten – einschließlich der Tankpause, und das gefahren mit einem 1300er Motor!«

Die 50. Tourist Trophy gewinnen Stirling Moss/John Fitch vor ihren Teamkameraden Juan Manuel Fangio/Karl Kling (Mercedes-Benz 300 SLR). Graf Trips, zusammen mit dem Franzosen Claude Simon zum erstenmal im schweren Mercedes-Rennwagen, komplettieren den Mercedes-Erfolg mit Rang drei.

Tourist Trophy
Dundrod/Irland, 17. September 1955

Mercedes-Benz
nimmt Abschied vom Rennsport
Stuttgart-Untertürkheim

Am 22. Oktober 1955 zieht sich Mercedes-Benz vom Grand-Prix-Sport zurück. Das Foto zeigt (v. l. n. r.): Wirtschaftsminister (Baden-Württemberg) Dr. Veit, Scherenberg, Rennleiter Alfred Neubauer, Nallinger, Uhlenhaut, Karl Kling, Piero Taruffi, Claude Simon (verdeckt), Juan Manuel Fangio, Wolfgang Graf Berghe von Trips, Engel, Stirling Moss, Olivier Gendebien, Frl. Thirion, John Fitch, Hans Herrmann, Tak und Peter Collins.

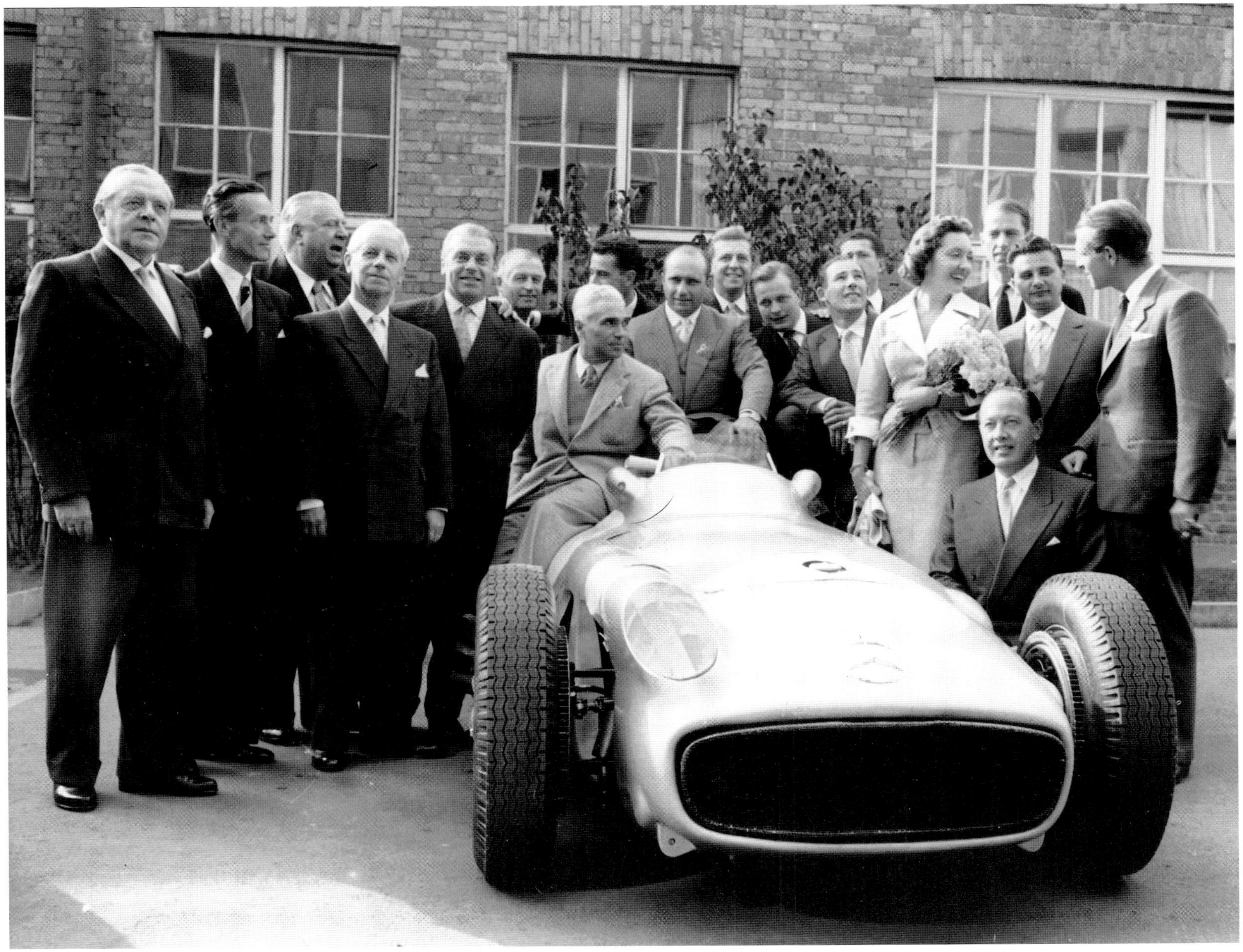

Gut vorbereitet tritt Porsche beim 12-Stunden-Rennen in Sebring an. Der von Hans Herrmann und Graf Trips gefahrene Spyder ist eine leichtere Ausgabe des vorjährigen Modells mit einer Leistung von ca. 130 PS. Dieser Porsche ist schneller als die meisten großen Wagen, und als viele hubraumstärkere Fahrzeuge in der Nacht langsamer werden, können Herrmann/Trips gut mithalten. Sie gewinnen die Klasse bis 1500 ccm, außerdem die Indexwertung und belegen im Gesamtklassement hinter zwei Ferrari, einem Jaguar, einem Aston Martin und einem Maserati den ausgezeichneten sechsten Platz.

12-Stunden-Rennen von Sebring
Sebring, 25. März 1956

XXIII. Mille Miglia
Brescia, 29. April 1956

Für die Spezialtouren- und Gran-Tourismo-Klassen bis und über 3 Liter hatte Daimler-Benz drei Limousinen vom Typ 220 A und zwei 300 SL vorbereitet, die mit Bauer, Günzler und Retter sowie Graf Trips und Rieß besetzt waren. Wolfgang von Trips blieb es vorbehalten, für die Beinahe-Sensation dieser Mille Miglia zu sorgen. Er übernahm mit seinem absolut serienmäßigen SL in Pesaro die Führung des Gesamtfeldes vor Castellotti, Collins, Musso, Fangio, Moss und Gendebien. Auch wenn Castellotti in Ancona in Führung lag, schien die große Sensation noch möglich, denn im strömenden Regen lagen Trips und Rieß mit den normalen SL vor den mehr als 300 PS starken roten Rennsportwagen mit den besten Piloten der Welt am Steuer. Doch dann kam es anders: Der von Graf Trips gesteuerte Mercedes drehte sich in einer Kurve zweimal um sich selbst, berührte die Streckenbegrenzung und war dadurch nicht mehr fahrtüchtig.

Graf Trips/Umberto Maglioli und Richard von Frankenberg/Hans Herrmann pilotieren die beiden Porsche-Werks-Spyder 1500 RS. Schon nach rund einer Stunde liegen Trips/Maglioli auf einem hervor-

II. Internationales
ADAC-1000-Kilometer-Rennen
Nürburgring, 27. Mai 1956

ragenden sechsten Platz in der Gesamtwertung und halten mit dem 135-PS-Porsche rundenlang das Tempo der 3,5-Liter-Wagen. Zur Hälfte des Rennens behauptet das deutsch-italienische Team den fünften Rang. Nach 44 Runden und 8:01,45 Stunden erreicht der Trips/Maglioli-Porsche Platz vier im Gesamtklassement und siegt in seiner Klasse überlegen mit fast fünf Minuten Vorsprung vor dem Wagen mit Herrmann/von Frankenberg.

Großer Preis der Solitude
Stuttgart, 22. Juli 1956

Rekordbesuch auf der Solitude mit rund 300000 Zuschauern. Zum Sportwagen-Rennen über 14 Runden (159,83 km) stehen die Spitzen-Fahrzeuge der deutschen Industrie am Start: Drei Porsche mit von Frankenberg, Herrmann und Graf Trips (9); das Rennkollektiv der Automobil-Werke Eisenach (EMW) erscheint mit fünf der bekannten Sechszylinder-Wagen, gesteuert von Barth (1), Rosenhammer, Thiel, Binner und Seidel. Borgward setzte Bauer und Schulze ein. Hans Herrmann bestimmt als Trainingsschnellster den gesamten Rennverlauf und siegt vor Graf Trips.

24-Stunden-Rennen von Le Mans
Le Mans, 28./29. Juli 1956

Neben Maglioli/Herrmann steuern Graf Trips/von Frankenberg den zweiten geschlossenen Porsche-Werks-Spyder. Nach dem Ausscheiden von Maglioli/Herrmann werden Graf Trips/von Frankenberg mit dem rund 135 PS leistenden Renncoupé überlegene Klassensieger, Zweite in der Indexwertung und Fünfte in der Gesamtwertung.

L'EQUIPE
Roulez AUX deux EXTRA
Esso
BAROCLEM
L'EQUIPE
CHAL PROJECTEURS
ERGOL BP
IGOL
MOTUL
PASTIS 51
25

Großer Preis von Schweden
für Sportwagen
Kristianstad, 12. August 1956

Der schwedische Grand Prix auf dem 6,5 Kilometer langen Kurs von Kristianstad war der fünfte und letzte Wertungslauf für die Sportwagen-Weltmeisterschaft 1956. Zusammen mit dem Engländer Peter Collins startet Graf Trips bei seinem ersten Ferrari-Sportwageneinsatz in einem 3,5-Liter-Zwölfzylinder. Trips sitzt von 153 Runden mehr als zwei Drittel der Distanz am Steuer. Richard von Frankenberg, Rennfahrer, Journalist, Konkurrent und Freund des Grafen, in einem Bericht über das Rennen:

»Trips fuhr den 3,5-Liter-Zwölfzylinder völlig überzeugend. Er kann mit dem Resultat – Zweiter im Gesamtklassement, nach 1000 Kilometern nur 45 Sekunden hinter den Siegern Phil Hill und Maurice Trintignant – sehr zufrieden sein.«

Und Trips selbst äußerte: »Die physische Anstrengung auf diese lange Distanz in so einem großen Wagen ist für mich noch ungewohnt und stark spürbar gewesen.«

Großer Preis von Italien
Monza, Training, 31. August 1956

Am 31. August 1956 sitzt Graf Trips zum ersten Mal in seinem Leben in einem Ferrari-Formel-1-Rennwagen. Als Reserve-Fahrer verunglückt er jedoch beim Training zum Großen Preis von Italien in Monza am Ende der Zielgeraden, in der Curva Grande. Am Ausgang dieser Rechtskurve kommt der Ferrari von Trips auf den Streckenrand, stellt sich quer, wird auf die andere Seite geschleudert, streift einen Baum, überschlägt sich mehrfach und bleibt mit den Rädern nach oben mehr als 200 Meter hinter der Kurve am Rande der Strecke liegen. Trips bleibt wie durch ein Wunder unverletzt. Die Unfallursache: ein gebrochener Lenkhebel.

Ferrari-Werksvertrag (Übersetzung s. S. 130)
10. September 1956

Am 10. September 1956 wird Wolfgang Graf Berghe von Trips als erster deutscher Rennfahrer offiziell in die Ferrari-Werksmannschaft aufgenommen. Der Graf, so die Scuderia, wird 1957 sowohl in der Rennwagenweltmeisterschaft als auch im Wettbewerb um den »Coupe des Constructeurs« (Sportwagenweltmeisterschaft) Fahrzeuge der Marke Ferrari fahren. Bereits im Oktober 1956 führt Wolfgang von Trips zusammen mit Luigi Musso und Eugenio Castellotti im Autodromo von Modena Versuchsfahrten mit einem Wagen durch, der für den Einsatz bei den argentinischen Grand-Prix-Rennen im Januar 1957 vorgesehen ist.

n°

TESTO DI ACCORDO VERBALE

Con riferimento agli accordi verbali odierni, resta inteso che la Scuderia Ferrari metterà a disposizione del Sig. WOLFGANG GRAF BERGHE VON TRIPS, in occasione di tutte quelle corse alle quali la Scuderia Ferrari deciderà di farlo partecipare, una macchina di sua costruzione o comunque in dotazione o gestita dalla Scuderia Ferrari stessa.

Il Sig. Wolfgang Von Trips è dunque impegnato a trovarsi tempestivamente sui campi di gara per partecipare agli allenamenti ed alle corse, nonchè a prestarsi per quelle prove di collaudo per le quali la Scuderia Ferrari ritenesse opportuna la sua presenza e collaborazione.

Per le prestazioni, trasferte, ecc. del Sig. Wolfgang Von Trips resta inteso che il 50% dei premi di partenza e classifica, che la Scuderia Ferrari otterrà in seguito della di lui partecipazione ad ogni singola corsa, sarà di spettanza del medesimo e gli verrà versato ad incasso avvenuto, mentre l'altro 50% resta di pertinenza della Scuderia Ferrari a compenso forfettario degli oneri che si è assunta.

Al Sig. Wolfgang Von Trips verrà altresì corrisposto, sempre ad incasso avvenuto, il 50% degli eventuali premi di classifica che le Case di accessori, per pneumatici, candele, carburanti, lubrificanti, ecc., (che la Scuderia Ferrari decidesse di impiegare nelle corse) verseranno alla stessa in dipendenza della classifica dal medesimo conseguita in ogni singola gara.

E' pertanto inteso che tutte le spese di viaggio e soggiorno necessarie ed inerenti all'espletamento dell'attività sopra precisata sono a carico del Sig. Wolfgang Von Trips ad eccezione di quelle relative al biglietto aereo o navale per le trasferte intercontinentali o per quelle altre per le quali gli organizzatori non riconoscano premi di partenza e che ciò nonostante la Scuderia Ferrari decida di parteciparvi ugualmente.

Agli effetti del presente accordo verbale il Sig. Wolfgang Von Trips eleggerà domicilio presso la Scuderia Ferrari di Modena.

Farà carico alla Scuderia Ferrari il premio assicurazione vita come da polizza stipulata dalla C.S.A.I. con la S.A.R.A. n° nonchè quello relativo alla polizza Responsabilità Civile corsa stipulata dalla Scuderia Ferrari con l'Assicuratrice Italiana, polizze ambedue ben note e gradite dal Sig. Wolfgang Von Trips.

Il presente accordo è valido per il periodo 1 gennaio - 31 dicembre 1957 e prima della sua scadenza il Sig. Wolfgang Von Trips resta impegnato a concordare con la Scuderia Ferrari la eventuale rinnovazione della presente collaborazione in quanto la medesima apporti ad entrambi quei comuni favorevoli risultati che da essa si ripromettono.

Großer Preis von Berlin
Avus/Berlin, 16. September 1956

Für den Großen Preis von Berlin, ausgeschrieben für Rennsportwagen bis 1500 ccm, meldet Porsche drei Fahrzeuge mit Hans Herrmann, Richard von Frankenberg und Wolfgang Graf Berghe von Trips. Nach Frankenbergs spektakulärem Sturz in der Nordkurve übernimmt Graf Trips im Rennen die Führung und siegt vor Herrmann, Rosenhammer und Thiel/Barth.

Die Leistungsstärke des von Trips gefahrenen Porsche 1500 RS kommt in einem Renndurchschnitt von über 203 km/h zum Ausdruck. Zuvor hatte Graf Trips auf einem von Wolfgang Seidel geliehenen Mercedes 300 SL auch das Rennen für Grand-Tourisme-Fahrzeuge über 2000 ccm überlegen gewonnen. Walter Schock, Deutscher Meister in dieser Klasse, gratuliert hier dem strahlenden Sieger. Für die absolut schnellste Rennrunde aller Wagenklassen erhielt Graf Trips das »Goldene Volant« des Verbandes der Deutschen Motorsport-Journalisten.

Deutscher Meister 1956 in der Rennsportwagenklasse bis 1500 ccm wird Hans Herrmann vor Graf Trips, der nicht alle Rennen bestreitet, und Richard von Frankenberg.

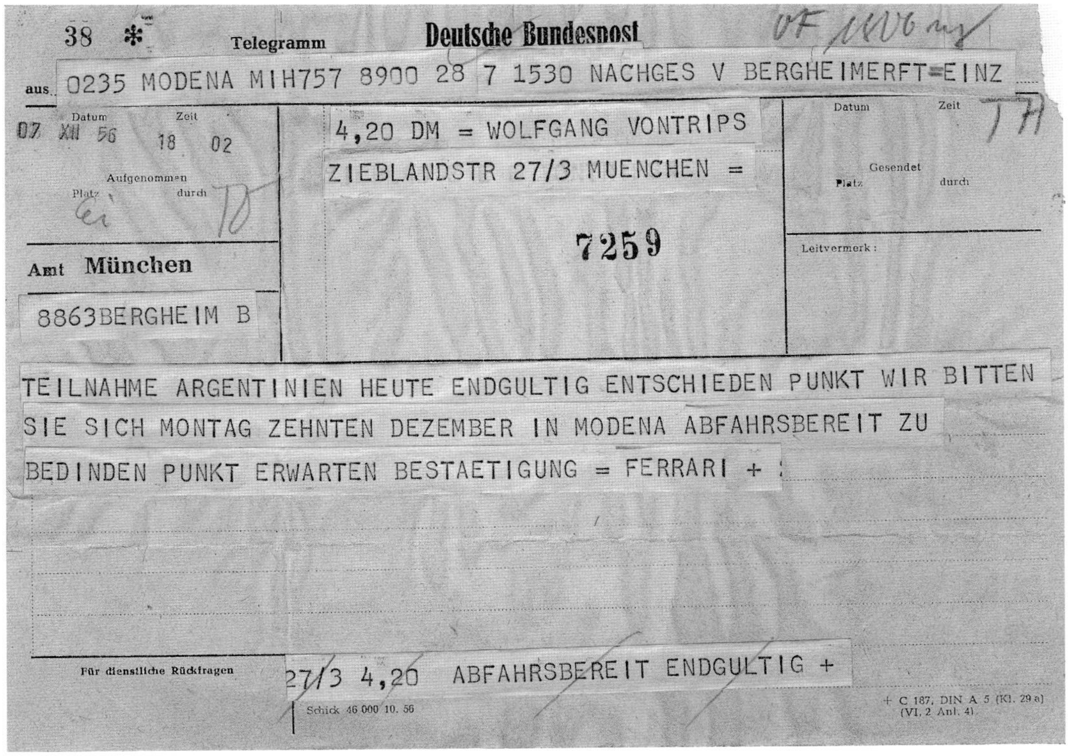

38 * Telegramm Deutsche Bundespost

aus 0235 MODENA MIH757 8900 28 7 1530 NACHGES V BERGHEIMERFT=EINZ

Datum 07 XII 56 Zeit 18 02

Aufgenommen Platz durch

4,20 DM = WOLFGANG VONTRIPS

ZIEBLANDSTR 27/3 MUENCHEN =

7259

Datum Zeit Gesendet Platz durch

Leitvermerk:

Amt München

8863BERGHEIM B

TEILNAHME ARGENTINIEN HEUTE ENDGULTIG ENTSCHIEDEN PUNKT WIR BITTEN SIE SICH MONTAG ZEHNTEN DEZEMBER IN MODENA ABFAHRSBEREIT ZU BEDINDEN PUNKT ERWARTEN BESTAETIGUNG = FERRARI +

Für dienstliche Rückfragen 27/3 4,20 ABFAHRSBEREIT ENDGULTIG +

Schick 46 000 10. 56

C 187, DIN A 5 (Kl. 29 a) (VI. 2 Anl. 4)

Großer Preis von Argentinien
Buenos Aires, 13. Januar 1957

Bei seinem ersten Grand-Prix-Einsatz sitzt Trips als Ferrari-Werksfahrer ab der 69. Runde am Steuer des Ferrari-Lancia V8. Der Wagen war bis zur 33. Runde von Cesare Perdisa und von der 34. bis zur 68. Runde von Peter Collins pilotiert worden. Für die letzten 32 Runden des Großen Preises von Argentinien überließ Peter Collins dem deutschen Nachwuchs-Fahrer den Ferrari. Das Grand-Prix-Debut des 28jährigen Rheinländers gelingt eindrucksvoll: Platz sechs hinter den legendären Fangio, Behra, Menditeguy, Schell und de Portago.

Nach diesem ersten Formel-1-Rennen in Argentinien startet Trips nur eine Woche später beim »Mil Kilometros de la Ciudad de Buenos Aires« und belegt zusammen mit Eugenio Castellotti und Alfonso de Portago auf einem Ferrari 3,5-Liter den dritten Platz.

XI. Gran Premio Ciudad de Buenos Aires
Buenos Aires, 27. Januar 1957

Als Hitzerennen ging der Große Preis von Buenos Aires in die Rennsportgeschichte ein. Graf Trips fährt den Wagen von Gonzalez und liegt im ersten der beiden Läufe im Mittelfeld. Nach 22 Runden erreicht er allerdings nur noch mit letzter Kraft die Boxen, wo er als Folge eines Hitzschlages nahezu besinnungslos aus dem Wagen gehoben werden muß.

Der 2. Lauf sollte nach einer Pause von 30 Minuten gestartet werden, aber erst nach ca. eineinhalb Stunden haben sich die Fahrer soweit erholt, daß das Rennen fortgesetzt werden kann. Auch von Trips hat sich so gut erholt, daß er starten kann. Er steht diesen Lauf durch und belegt den achten Platz.

Die 24. Auflage der Mille Miglia am 12. Mai 1957 wird für Graf Trips zu einem ersten Höhepunkt in seiner Karriere. Er startet mit dem 3,8-Liter-Ferrari, während der Wagen von Collins bereits mit einem 4,1-Liter-Motor ausgestattet ist. Trips fährt allein, Collins und de Portago haben Beifahrer. In Ravenna führt Graf Trips mit rund 30 Sekunden, hat dann aber bei der Zeitkontrolle in Pescara über vier Minuten gegen Collins und Piero Taruffi eingebüßt. Aber noch immer liegt er etwa fünf Minuten vor de Portago, und er hält die dritte Position auch noch bis Florenz. Auf dem Abschnitt über den Futa-Paß hinüber machen sich bei den Ferrari-Fahrzeugen erste Anzeichen einer nicht mehr einwandfreien Hinterachse bemerkbar. Als Trips die Zeitkontrolle in Bologna anfährt, geben ihm die Ferrari-Techniker einen Hinweis: »Sei vorsichtig, du wirst dieses Rennen wahrscheinlich gewinnen, denn an den anderen Wagen stimmt etwas mit der Hinterachse nicht mehr!«.

Collins muß wenig später aufgeben, de Portago verunglückt 30 Kilometer vor Brescia bei hoher Geschwindigkeit, als die Hinterachse bricht und ein Reifen platzt. Er und sein Beifahrer Nelson werden aus dem Fahrzeug geschleudert; beide sind auf der Stelle tot. Mit ihnen sterben noch einige Zuschauer.

Taruffi fährt auf den letzten 300 Kilometern zurückhaltend – er kann am Schluß nur noch den fünften Gang benutzen. Trips schließt zum Spitzenreiter auf, bricht aber dann, als er Taruffis Mißgeschick bemerkt, den Überholvorgang ab und macht keine Anstalten, den Zeitvorsprung von Taruffi – der drei Minuten nach ihm gestartet war – aufzuholen oder wettzumachen.

Klug und diszipliniert bleibt Graf Trips hinter ihm und fährt, nur Zentimeter hinter Taruffi, als Zweiter durchs Ziel in Brescia.

Die Italiener feiern ihn wie einen Sieger, sie werten seine sportliche Leistung als Ehrerbietung des Jungen vor dem »alten Hasen« Taruffi, der die 50 schon überschritten hat und in dessen langjähriger Karriere ein Mille-Miglia-Sieg bis dato fehlte. In Deutschland kommt teilweise Kritik auf, weil der Graf seine Chance nicht wahrgenommen hat.

In einem Interview mit der Illustrierten »Kristall« sucht Wolfgang Graf Berghe von Trips 1961 – mit zeitlichem Abstand – einen Kompromiß: »Ich konnte nicht mehr an ihm vorbei. Und es war auch, weil sein Wagen nicht mehr richtig lief. Es war kein fairer Kampf mehr . . .«

So ist es auch in der von Reinold Louis verfaßten und 1989 erschienenen Biographie über Wolfgang Graf Berghe von Trips zu lesen. Jetzt, zwei Jahre später, kann der Trips-Biograph mit noch konkreteren Angaben aufwarten. Denn in dem im Eigentum der Gräflich Berghe von Trips'schen Sportstiftung zu Burg Hemmersbach stehenden Nachlaß befindet sich auf der Rückseite eines jetzt erst aufgefundenen Fotos ein handschriftlicher Vermerk des Grafen: »Der Wagen ging ausgezeichnet. Nur hatte ich nichts zu essen (weil alles durcheinandergeflogen war) und die Bremse war hart zu drücken, was etwas ermüdete. Hätte gewinnen können, da Taruffis Wagen nicht mehr ging am Schluß. Bin aber dahinter geblieben. Ich freue mich viel mehr für ihn, und das Geschreie um mich wäre ja nicht so schön gewesen.«

XXIV. Mille Miglia Brescia, 12. Mai 1957

Erster Weltmeisterschaftslauf für Formel-1-Rennwagen in der Saison 1957. Ferraris Team besteht in Monte Carlo aus Collins, Hawthorn, Trintignant und Graf Trips. Schon in der vierten Runde kommt es zu jenem spektakulären Zwischenfall, der von Moss aufgrund eines Bremsendefektes an seinem Vanwall ausgelöst wird: Moss fährt an der Schikane in eine Barriere. Ein Balken der Abschrankung fällt auf die Strecke, Brooks (Vanwall) bremst, aber Hawthorn verliert bei der Kollision mit dem Vanwall ein Rad, das mitsamt der Bremse ins Hafenbecken geschleudert wird. Anschließend rammt der Hawthorn-Ferrari den Wagen seines Teamgefährten Collins, der gleichfalls ausscheidet. Trips folgt nun hinter Fangio und Brooks in dritter Position. Bis zur 96. Runde behauptet er diesen Platz, dann blockiert der Motor seines Ferrari und führt zum Ausfall.

Günther Molter, bekannter Fachjournalist, urteilt nach dem Monaco-Grand-Prix über Trips:

»Was er bis zum unglücklichen Ende seines ersten Starts in Monte Carlo gezeigt hat, berechtigt zu großen Hoffnungen. Jedenfalls wird man dem jungen Grafen in Zukunft noch mehr Beachtung schenken müssen, hat er doch ohne jeden Zweifel das Zeug dazu, in die erste Garnitur aufzurücken. Ich treffe diese Feststellung nicht leichtfertig, sondern in voller Überzeugung.«

Großer Preis von Monaco
Monte Carlo, 19. Mai 1957

Beim Training zum ADAC-1000-Kilometer Rennen am 25. Mai 1957 auf dem Nürburgring verunglückt Graf Trips bei Breitscheid mit einem 250 GT-Ferrari, weil dieser eine andere Pedalerie besitzt als die Rennsportwagen. Trips, zuvor auf Trainingsfahrt mit einem Sportwagen, dessen Gaspedal sich in der Mitte befindet, während rechts die Bremse sitzt und links die Kupplung ist, registriert nicht die veränderte Pedalerie im Cockpit – der GT hat die normale Anordnung – und verwechselt deshalb Gas und Bremse. Zwar nur für wenige Sekundenbruchteile, aber die genügen, den Wagen aus der Bahn zu schleudern und sich überschlagen zu lassen. Der Ferrari stürzt einen Hang hinunter, Wolfgang ist zunächst bewußtlos und wird ins Krankenhaus nach Adenau eingeliefert. Hier werden ein Nasenbeinbruch, ein Kompressionsbruch des 1. und 2. Lendenwirbels sowie eine Prellung der Brustvorderwand und im Steißbeinbereich festgestellt. Die Verletzungen setzen ihn für Wochen – in denen er ein Gipskorsett tragen muß – außer Gefecht.

»Trips – im Gips«

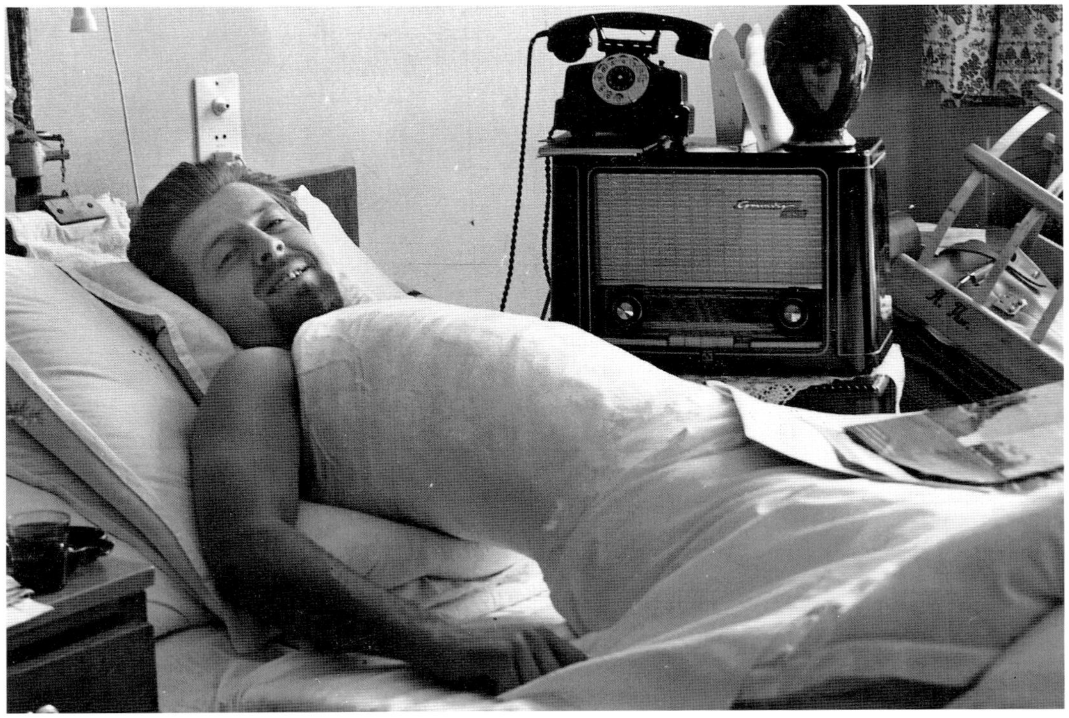

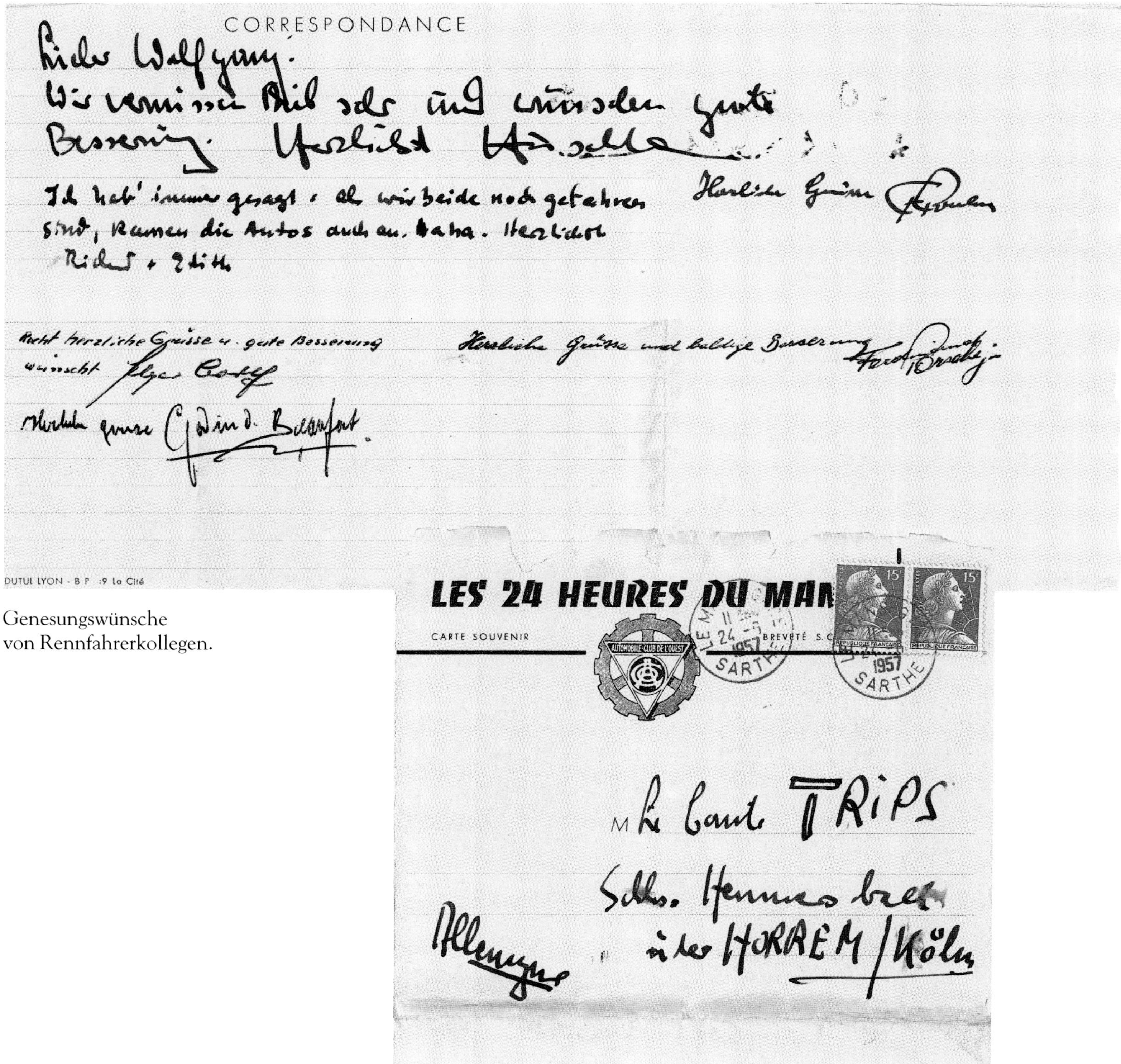
CORRESPONDANCE

Liebe Wolfgang.
Wir vermissen Dich sehr und wünschen gute Besserung. Herzlichst

Ich hab' immer gesagt: als wir beide noch gefahren sind, kamen die Autos auch an. Haha. Herzlichst Richard + Edith

Herzlichen Gruss

Recht herzliche Grüsse u. gute Besserung wünscht

Herzliche Grüsse Beaufort

Herzliche Grüsse und baldige Besserung

DUTUL LYON - B P :9 La Cité

LES 24 HEURES DU MAN
CARTE SOUVENIR
BREVETÉ S.G
AUTOMOBILE-CLUB DE L'OUEST

M. le Comte TRIPS
Schloss Hemmersbach
über HORREM / Köln
Allemagne

Genesungswünsche
von Rennfahrerkollegen.

Am 19. und 20. August 1957 gibt es eine von zahlreichen Premieren auf der Nordschleife des Nürburgrings: Dem Beispiel mehrerer anderer Länder folgend, beginnt der Kölner Club für Motorsport im ADAC auf dem »Ring« mit der Durchführung von Sportfahrer-Lehrgängen, die der Kölner Fahrer von Husen angeregt hatte. Die Lehrgänge sollen junge Sportfahrer unter sachkundiger Anleitung auf eine mögliche spätere Rennteilnahme vorbereiten. Den ersten Kurs leitet Wolfgang Graf Berghe von Trips.

Fahrerlehrgänge

Am 24. August beim Training und einen Tag später beim Rennen in Lenzerheide sitzt Graf Trips wieder am Steuer und siegt souverän in einem Porsche-Rennsportwagen mit 1700er Motor.

Nur zwei Wochen nach diesem großartigen Sieg auf Porsche RS belegt Graf Trips auf einem Ferrari beim italienischen Gran Premio 1957 in Monza hinter Stirling Moss (Vanwall) und Juan Manuel Fangio (Maserati) den dritten Platz.

»Auto-Jahr« schrieb nach diesem Rennen:

»Von Trips, blass und bärtig, setzte seinen Kampf bis zum Ende fort und belegte mit dem dritten Platz die beste Plazierung, die ein Mitglied der Scuderia Ferrari erringen konnte.«

Die Fahrerweltmeisterschaft 1957 beschließt Graf Trips mit vier Punkten auf Rang 14.

Grand Prix Suisse de la Montagne
Lenzerheide/Schweiz, 25. August 1957

Großer Bergpreis von Griechenland
Mont-Parnaß, 4. Mai 1958

Neben seinen Ferrari-Formel-1- und Sportwageneinsätzen 1958 nimmt von Trips mit einem Werks-Porsche 1500 an den Rennen zur Europa-Bergmeisterschaft teil. Am Mont-Parnaß ist er nicht zu schlagen.

Großer Preis von Monaco
Monte Carlo, 18. Mai 1958

Mit einer Trainingszeit von 1:44,3 Minuten steht von Trips auf dem Ferrari-Sechszylinder Dino 246 in der fünften Startreihe. Gegenüber 1957 ist die Renndistanz von 105 auf 100 Runden verkürzt worden. Bis zur 92. Runde liegt Graf Trips hinter Trintignant, Musso und Collins in vierter Position, als ihn ein Motordefekt um den verdienten Lohn und drei Weltmeisterschaftspunkte bringt.

Großer Bergpreis von Frankreich
Mont Ventoux, 29. Juni 1958

Bestbesetzung beim französischen Bergpreis am Mont-Ventoux. Porsche, Borgward und Osca sind angetreten, um den von dem Schweizer Daetwyler im Jahre 1957 auf einem 2-Liter-Maserati gefahrenen Rekord zu unterbieten. Im Rennen erhalten die Zuschauer dann auch eine Vorstellung von der unglaublichen Entwicklung der 1500-ccm-Sportwagen, als Jean Behra (Porsche RSK) mit einem Schnitt von 106 km/h für eine neue Bestmarke sorgt. Graf Trips auf dem älteren Porsche RS holt in einem unerhörten Endspurt seinen Rückstand auf Behra beinahe auf und ist auf der 21,6 km langen Strecke nur knapp zwei Sekunden langsamer als der Franzose. Den Porsche-Triumph macht Edgar Barth mit seinem dritten Platz komplett.

Großer Preis von Frankreich
Reims, 6. Juli 1958

»Wölfchen Trips, der schnellste Graf der Welt, errang auf dem Werks-Ferrari einen vielbeachteten dritten Platz beim XLIV. französischen Grand Prix in Reims!«

Mit dieser Schlagzeile informiert die deutsche Motorsportpresse über den großen Erfolg des Rheinländers beim sechsten Weltmeisterschaftslauf der Saison 1958 am 6. Juli in Reims. Weiter ist zu lesen:

»Ein großartiges Rennen, ja vielleicht sein bestes im Grand-Prix-Wagen überhaupt, fuhr unser Wolfgang von Trips, und das, obwohl er als letzter vom Start weggekommen war. Trips hatte sich nämlich im Gang geirrt, was – wie er selbst nicht ohne Sarkasmus meinte – bei Ferrari weiter kein Wunder ist, denn jedes Auto ist dort verschieden. Man hatte ihm zum Rennen nicht seinen, sondern den Wagen von Collins gegeben. Während das Feld davonfuhr, blieb beim Trips-Wagen der Motor stehen. Sein Ferrari wurde angeschoben, und er jagte hinterher. Von Runde zu Runde gelang es ihm, mehr aufzuholen, und nach einem klugen Rennen wurde er noch Dritter. Seine Leistung ist um so mehr zu respektieren, weil Trips noch zuvor im 12-Stunden-Rennen zusammen mit Wolfgang Seidel einen Ferrari GT gefahren hatte und Vierter geworden war. Gewiß bewundernswert, aber vor einem Grand Prix sollte man das nicht tun.«

ADAC-Bergpreis am Schauinsland
Freiburg, 27. Juli 1958

Graf Trips, nach zwei Siegen und einem zweiten Platz in den bisherigen drei Läufen zur Europa-Bergmeisterschaft in Führung, hatte im Training 7:32,8 Minuten als Zweitschnellster hinter Herrmann (7:30,7 Minuten) erzielt. Schon am Streckenabschnitt »Holzschlägermatte« aber warteten die Zuschauer vergebens auf den Werks-Porsche. Trips war rund drei Kilometer nach dem Start von der Strecke abgekommen und ein paar Meter tief im Wald verschwunden – zum Glück ohne ernste Folgen für ihn. Der Borgward-Sieg von Bonnier und Herrmanns dritter Platz bedeuteten in der Gesamtwertung aber einen Führungswechsel: Herrmann vor Trips.

Es war ein großer, aber auch ein tragischer Tag, dieser 3. August 1958, an dem der deutsche Grand Prix stattfand. Zum ersten Mal wurde er von einem englischen Fahrer gewonnen: Tony Brooks siegte im Formel-1-Lauf vor zwei Cooper. Der Neuseeländer Bruce McLaren gewann auf Cooper das Formel-2-Rennen. Stirling Moss stellte einen neuen phantastischen Rundenrekord auf. Aber diese britischen Erfolge wurden durch den Tod eines der großartigsten Fahrer Englands stark überschattet. Peter Collins mußte den ersten schweren Unfall in seiner fast zehnjährigen Laufbahn mit dem Leben bezahlen. Graf Trips, neben Hawthorn und Collins auf Ferrari, kam schon in der zweiten Runde an die Boxen. Der Motor seines Wagens klang nicht mehr ganz sauber, außerdem hatte der Deutsche Bremsprobleme. Dennoch reichte es für ihn zum vierten Platz hinter Brooks, Salvadori und Trintignant.
Mit seinem Vater Eduard und Bundesverkehrsminister Dr. Hans-Christoph Seebohm fachsimpelte Graf Trips vor und mit Stirling Moss nach dem Rennen.

Großer Preis von Deutschland
Nürburgring, 3. August 1958

»Entscheidungskampf« um die Europa-Bergmeisterschaft 1958 am Gaisberg. Graf Trips markiert Trainingsbestzeit und untermauert seine Titelansprüche. Im ersten der beiden Läufe bleibt er zwar bis zum Streckenabschnitt »Zistel« noch rund eine halbe Sekunde über Bonniers Bestmarke, macht dann aber auf der letzten starken Steigung noch mehr als vier Sekunden gegen den Schweden gut. 4:42,2 Minuten heißt nun die neue Bestmarke. Trips könnte jetzt seinen zweiten Lauf bequem und ruhig hinter sich bringen, doch eine solche Reaktion entspricht nicht seinem Naturell. Nochmals wird er schneller und übertrifft mit der neuen Rekordzeit von 4:41,9 Minuten erstmals und als einziger die 110-km/h-Grenze.

Am Ende der Saison ist Graf Trips mit 38 Punkten Europa-Bergmeister 1958, gefolgt von Joakim Bonnier (auf Borgward Hansa) mit 31 Punkten und Hans Herrmann (ebenfalls Borgward Hansa) mit 30 Punkten.

Großer Bergpreis von Österreich
Gaisberg, 15. August 1958

Flugplatzrennen Zeltweg, 17. August 1958

Nur zwei Tage nach dem Europa-Bergmeisterschaftslauf am Gaisberg findet unweit Graz das Flugplatzrennen von Zeltweg statt. Auf dem 2,6 km langen, durch Strohballen und Grasflächen abgegrenzten, kurvenreichen Rundkurs liefern sich Behra und Graf Trips (beide auf Porsche RSK) in der Sportwagen-Klasse über 35 Runden einen harten Rad-an-Rad-Kampf. Sie überholen sich, immer ganz knapp beieinanderliegend, fünf- oder sechsmal, und schließlich fährt Graf Trips mit rund einer Sekunde Vorsprung vor Behra durchs Ziel. Der Grund für den »heißen« Bruderkampf im Hause Porsche: Behra fuhr auf seinen Wunsch hin den Trips'schen Bergmeisterschaftswagen, während Trips auf Behras Wagen saß. Denn Behra hatte vor dem Rennen gemeint, mit diesem vermeintlich schnelleren Trips-Auto sei es ja kein Kunststück, zu gewinnen...

Großer Preis von Portugal
Oporto, 24. August 1958

Nur Mike Hawthorn und Graf Trips starten beim portugiesischen Grand Prix in Oporto für Ferrari. Der Deutsche fährt in diesem Rennen das Modell mit breitem Chassis, das Hawthorn auf dem Nürburgring ausprobiert hatte. Nach vorübergehendem dritten Platz wird Trips am Schluß Fünfter hinter Moss, Hawthorn, Lewis-Evans und Behra. In Oporto trifft Graf Trips einen seiner Fans: Der spanische Thronfolger Juan Carlos, ein großer Rennsport-Freund, nimmt unter anderem auch an einem von Graf Trips geleiteten Rennfahrer-Kurs teil.

Graf Trips startet in Ollon Villars in der Nähe des Genfer Sees auf einem Porsche-Werkswagen vom Typ 718 RSK, einem modifizierten Fahrzeug aus dem Jahr 1957. Hinter Behra (4:46,7 Minuten) liegt er nach dem ersten Durchgang mit nur vier Zehntel Sekunden Rückstand auf Platz zwei. Bei wolkenbruchartigem Regen sind die Fahrer im zweiten Lauf stark gehandicapt und fast eineinhalb Minuten langsamer; Edgar Barth fährt Sportwagenbestzeit und gewinnt vor Greger, Calderari, Bonnier, von Hanstein und Graf Trips.

Großer Bergpreis der Schweiz
Ollon Villars, 31. August 1958

Nach seinem sechsten Trainingsplatz im XXIX. Gran Premio d'Italia in Monza ist von Trips schlecht vom Start weg gekommen und setzt alles daran, um zur Spitze aufzuschließen. Zwei, drei Konkurrenten überholt er in der Curva Grande außen und eingangs Lesmo liegt er schon hinter Harry Schell. Hier ist Trips zu schnell, verliert die Kontrolle und sein Ferrari reitet buchstäblich auf das Heck des Schell-B.R.M. auf. Beide Wagen kommen von der Strecke ab. Der Trips-Wagen fliegt hoch in die Luft, während der Graf aus dem Fahrersitz geschleudert wird. Sein Ferrari wird stark beschädigt. Zum Glück erleidet Graf Trips nur eine Knieverletzung. Schell, der sich mehrfach überschlagen hatte, trägt Hautabschürfungen und Quetschungen davon.

In der Fahrerweltmeisterschaft 1958 belegt Graf Trips mit 9 Punkten den 10. Platz.

Im Dezember 1958 werden ihm in München die »Goldene Sportnadel mit goldenem Schild« des ADAC für seine Verdienste im Automobilsport und der ONS-Pokal als erfolgreichstem deutschen Fahrer bei internationalen Rennen verliehen.

Großer Preis von Italien
Monza, 7. September 1958

Porsche hat mit seinem Formel-2-Debut in Monaco Pech. Nachdem Trips mit dem Prototyp auf dem Nürburgring einen inoffiziellen Rundenrekord für Formel-2-Wagen gefahren ist, geht das Haus Porsche mit dem Typ 718/2, ausgestattet mit einem Motor Typ 547/3, der 150 bis 155 PS leistet, hoffnungsvoll nach Monaco. Im Training qualifiziert sich Trips für einen der 16 Startplätze.

Aber das Rennen endet für ihn und das Haus Porsche sehr schnell: Ein Dreher in der zweiten Runde bei Sainte-Devote endet an einer Mauer. Die folgenschwere Kollision hat auch das Ausscheiden von Allison und Halford zur Folge.

Trips muß sich in deutschen Fachzeitungen harte Kritik gefallen lassen. Ihm wird vorgeworfen, den einzigen Vorläufer und Versuchsträger des Hauses Porsche für die neue, ab 1961 gültige Formel 1, »leichtfertig zerstört« zu haben. Hiergegen wehrt sich der Graf in einem Leserbrief.

Nach dem mißglückten Porsche-Grand-Prix-Debut muß Graf Trips bis zum 12. Dezember 1959 warten, ehe er wieder bei einem Großen Preis (Sebring/USA) an den Start gehen kann. Dort belegt er auf einem Ferrari den sechsten Platz.

Großer Preis von Monaco
Monte Carlo, 11. Mai 1959

Internationales
ADAC-1000-Kilometer-Rennen
Nürburgring, 7. Juni 1959

Das Rennen verzeichnete mit 67 Startern Rekordbeteiligung. Moss/Fairman (Aston Martin) siegen nach 7:33,18 Stunden. Hinter ihnen plazieren sich die Ferrari-Piloten Phil Hill/Gendebien und Brooks/Behra. Graf Trips hat Pech. Im Training war er auf Porsche RSK mit der erstaunlichen Rundenzeit von 9:40,5 Minuten für den 1,6-Liter-Wagen Zweitschnellster des gesamten Feldes gewesen. Im Rennen fährt er dann das 1,5-Liter-Fahrzeug, an dem ihm in der 13. Runde am Galgenkopf die Stahlblechfelge am linken Hinterrad bricht. Fraglos eine schwierige Situation, die der Graf aber bravourös meistert. Er wechselt auf freier Strecke das schadhafte Rad aus und fährt weiter. Das kostete allerdings viel Zeit und so reichte es für ihn und Joakim Bonnier nur noch zum zweiten Platz in ihrer Klasse und einem 7. Platz im Gesamtklassement.

Beim größten Formel-2-Rennen des Jahres stellen sich 23 Wagen dem Starter. Graf Trips und Colin Davis steuern die beiden Mittellenker-Porsche. Moss (Cooper-Borgward) und Hans Hermann (Porsche) werden aber weder von den Werks-Ferrari noch von den Werks-Porsche gefährdet und machen den Sieg unter sich aus. Graf Trips wird Fünfter.

Coupe de Reims
Reims, 5. Juli 1959

XXII. Internationales
ADAC-Eifel-Rennen
Nürburgring, 12. Juli 1959

»Deutsche Uraufführung« der neuen Junior-Monoposti auf dem Nürburgring. Im Lauf der Formel-Junior-Rennwagen auf der 7,75 km langen Südschleife des »Rings« kommen der Schweizer Michael May und Ernst Lautenschlager (beide auf Stanguellini) etwas besser vom Start weg als Graf Trips. Trips muß im weiteren Rennverlauf sein ganzes Können aufbieten, um mit seinem Stanguellini in Runde acht in Führung zu gehen. Nach seiner Rekordrunde mit 126,5 km/h gewinnt Trips mit rund einer halben Minute Vorsprung vor May und Gerhard Mitter (Auto Union, Eigenbau).

Wolfgang von Trips –
Ein tragischer Held

Die beschauliche Ruhe auf Burg Hemmersbach wird immer dann durchbrochen, wenn Wolfgang Graf Berghe von Trips ein Auto in die Finger fällt. Schon als 8jähriger fuhr er den väterlichen Sechszylinder-Opel verbotenerweise über den Schloßhof und durch den Park. Graf Trips: »Das hat insofern geklappt, als einer meiner Freunde unten auf die Kupplung treten mußte, ich tat den Gang rein, stand auf dem Sitz und dann fuhren wir hier auf dem Hof herum.«

Später fährt er die LKW der amerikanischen Besatzer und macht eine verbotene Spritztour auf einem Jeep der Engländer, die den Amerikanern auf Burg Hemmersbach gefolgt sind. Er baut einen mit Holzvergaser betriebenen Opel, Marke »Eigenbau«, dem das erste Motorrad – eine Jap –, dann eine 125er Maico, eine 500er BMW R 51 und schließlich eine 600er BMW R 66 folgen, ehe er für DM 4500 einen reparierten Unfall-Porsche erwirbt, für dessen Kaufpreis der Kölner Rechtsanwalt Dr. Hanswilly Bernartz bürgt. Mit Hilfe eines Darlehens seines Clubkameraden Hans Lappe erwirbt Graf Trips kurze Zeit später einen 1600er Super-Motor und erringt auf Anhieb die Deutsche Meisterschaft.

In der Folgezeit sieht der altehrwürdige Hemmersbacher Burghof nicht nur die von Graf Wolfgang gefahrenen Rennfahrzeuge der Marken Porsche, Daimler-Benz, Lotus, Stanguellini und Ferrari, sondern auch viele Nobelkarossen der Freunde und Besucher. Graf Wolfgangs Ferrari – aus zollrechtlichen Gründen in Modena zugelassen – wirkt vor der Burgfassade noch traumhafter als das ohnehin schon der Fall ist.

Wolfgang Graf Berghe von Trips war immer und überall ein gern gesehener Gast, ein gefragter Gesprächspartner, ein kenntnisreicher Experte. Wenn ein Mensch erfolgreich ist, bleibt es nicht aus, daß sich auch andere darin sonnen wollen. Um Graf Trips scharten sich aber auch schon viele Menschen, als er noch nicht der weltbekannte Formel-1-Pilot war. Mag sein, daß seine gräfliche Abstammung ihm so manche Tür geöffnet hat; um ins Herz der Menschen zu dringen, wäre sein Adelstitel aber sicherlich zu wenig gewesen.

Seine Popularität nutzte Graf Trips nie für sich, sondern er stellte sie immer in den Dienst einer guten Sache. So führte er in vielen Gesprächen Verteidigungsminister Franz-Josef Strauß vor Augen, wie sehr die Flugplätze der Deutschen Bundeswehr, weil relativ gefahrlos, für Autorennen der Nachwuchsfahrer geeignet seien. Als der Minister, der übrigens kaum ein Trips-Rennen in Deutschland versäumte, schließlich sein Einverständnis gab, machte die NATO wegen der angespannten weltpolitischen Lage einen Strich durch die Rechnung.

Es imponierte seinen Mechanikern schon, wie fachkundig der Graf selbst Hand an seine Fahrzeuge legte, wenn es etwas zu reparieren oder zu verbessern gab und welchen kameradschaftlichen Ton er im Umgang mit ihnen pflegte. Von Standesunterschied oder -dünkel keine Spur.

Der Rennsport hat Wolfgang Graf Berghe von Trips auf viele Kontinente und in zahlreiche Länder geführt. Es war immer sein Bestreben, auch Land und Leute kennenzulernen und bis heute zeugen zahlreiche von Graf Trips selbst aufgenommene 16mm-Farbfilme von dem Interesse, das er Menschen und Landschaften entgegenbrachte. Graf Trips war ein echter Botschafter nicht nur des Sports, sondern auch der Deutschen, denen in den 50er Jahren nicht selten nur wenig Sympathien entgegengebracht wurden. Wolfgang Graf Berghe von Trips war ein echter Wegbereiter beim Abbau von Mißtrauen und Vorurteilen.

Graf Trips in illustrer Gesellschaft, Gratulant Franz-Josef Strauß, darunter mit Juan Manuel Fangio, rechts mit Carlo Chiti.

»Count Crash« nannten ihn die Amerikaner, als er zu Beginn seiner Karriere als Ferrari-Werksfahrer und Porsche-Pilot einige spektakuläre Unfälle erlitt und auf vielen Rennstrecken in aller Welt kostbare Autos zu Bruch fuhr.

Doch schon bald gaben sie ihm einen Namen, mit dem die Waliser früher ihre mutigsten und furchtlosesten Männer ehrenvoll bedachten: Taffy!

Umschwärmt vom schönen Geschlecht und geschätzt von den Ferrari-Technikern.

1 Rodriguez, Brabham, e più indietro Trips e Clark agganciati.

2 La Ferrari fa perno sulla ruota posteriore destra.

3 La Ferrari esce di pista cominciando il dérapage.

5 Von Trips rinuncia al tentativo, si schiaccia nell'abitacolo.

6 La Ferrari comincia il movimento di capovolta.

7 Von Trips ha capito, cerca di buttarsi fuori, invano.

9 La Ferrari cappotta, von Trips non è riuscito a liberarsi.

10 La Ferrari non tocca il suolo, vola di traverso.

11 Von Trips picchia col capo sul terreno.

4 Von Trips tenta ancora di pilotare la macchina.

8 Si scorgono la Lotus in testacoda e la Ferrari di Baghetti.

12 Le ruote anteriori della macchina stanno uccidendo.

Dramatische Bilder der Tragödie:
Ein Fotoamateur unter den Zuschauern betätigt den Auslöser, bis er vom Trips'schen Ferrari erfaßt wird; veröffentlicht in einer italienischen Illustrierten.

Dott. LUCIANO GARAU
Medico Chirurgo
Specialista in Cardiologia
MONZA
Largo 4 Novembre, 1 - Tel. 84.469

11. 9. '61

Ieri ho prestato i primi soccorsi al corridore Von Trips ed oggi, visitando nuovamente il suo corpo, ho potuto constatare che ha riportato lesioni per cui la morte è stata immediata ed assolutamente non avvertita dalla persona.

[Garau]

Dr. Luciano Garau
Facharzt für Chirurgie
Spezialist für Kardiologie
Monza
Largo 4 Novembre, 1 ·
Tel. 844 9

11. 9. 61

Gestern habe ich dem Rennfahrer von Trips erste Hilfe geleistet und heute die Leiche nochmals untersucht.
Ich stellte fest, daß die erlittenen Verletzungen den sofortigen Tod, absolut ohne Leidensempfinden des Verunglückten, herbeigeführt haben.

Dr. L. Garau

Monza-Hinterlassenschaften: Zersplitterte Rennbrille – vom Unfall während des Trainings zum Großen Preis von Italien im August 1956 –, Fahrerhandschuhe und beschädigter Sturzhelm mit dem Wappen der Scuderia Colonia, deren Gründer und Präsident Graf Trips war, dokumentieren noch heute in den musealen Räumen der Trips-Stiftung das Geschehen vom 10. September 1961.

Nach dem tödlichen Unfall wurde spekuliert, Graf Trips habe den Traubenzucker, den er bei Rennen aus gesundheitlichen Gründen stets mit sich führte, in Monza vergessen. Der Rennoverall beweist das Gegenteil; in der linken Beintasche findet sich nach 30 Jahren noch eine angebrochene Packung Dextro Energen mit zwei ungeöffneten Stücken.

Rennfahrer Trips

Auf dem Weg zu Weltmeisterehren

Das 1500er Sportwagenrennen um den »Großen Preis von Berlin« wird vom tödlichen Unfall des Franzosen Jean Behra überschattet. Mit seinem Porsche RSK ist Behra, die führenden Trips und Bonnier verfolgend, in der vierten Runde zu schnell in die Nordkurve eingefahren, gerät ins Schleudern, dreht sich mehrfach und rast mit dem Heck voran auf dem oberen Kurvenwulst entlang an das flache Beton-Fundament einer ehemaligen Flakstellung. Der Franzose wird aus seinem Wagen geschleudert, schlägt gegen einen meterhohen Flaggenmast und ist sofort tot. Nach 25 Runden macht das Porsche-Duo von Trips und Bonnier das Rennen unter sich aus: um 1,1 Sekunden läßt Graf Trips seinen schwedischen Freund hinter sich. Heinrich Walter (Schweiz) komplettiert den dreifachen Triumph der Wagen aus Zuffenhausen.

Dieses Bild hat Seltenheitswert: Wolfgang Graf Berghe von Trips sitzt nach dem Monaco-Unfall wieder im hergerichteten Porsche-Formel-2-Wagen, der beim »Großen Preis von Deutschland« – nach einer Entscheidung des veranstaltenden AvD nicht auf dem Nürburgring, sondern auf der Avus ausgetragen – starten soll. Beim Training am 30. Juli ist der Graf noch frohen Mutes, denn der Porsche läuft ausgezeichnet. Doch aufgrund des Todes von Behra zieht Porsche seine Nennung für das Formel-Rennen zurück. Joakim Bonnier, in der Fahrer-Weltmeisterschaft gut plaziert, startet jedoch und wird auf einem B.R.M. Fünfter.

Großer Preis von Berlin
Großer Preis von Deutschland
Avus/Berlin, 1./2. August 1959

Internationales Gaisbergrennen
Gaisberg, 16. August 1959

Das Sportwagen-Rennen um den Großen Bergpreis von Österreich ist zugleich der vorletzte Wertungslauf für die Europa-Bergmeisterschaft 1959. Zwei Privatfahrer (Vogel und Walter) mit dem Porsche RSK rangieren vor den beiden Werkspiloten Graf Trips und Edgar Barth. Trips, der durch einen defekten Verteiler im Training gehandicapt ist und rund acht Sekunden auf die Bestzeit Vogels verliert, plaziert sich in beiden Läufen auf Rang drei.
Der Gaisberg-Start war für Graf Trips das einzige Bergrennen in der Saison 1959.

Seit Jahrzehnten ist die Tourist Trophy das wichtigste Langstreckenrennen Großbritanniens. Früher wurde die TT in Irland ausgetragen, 1957 hat man sie nach Goodwood verlegt. Vor dem letzten Lauf zur Sportwagen-Weltmeisterschaft 1959 liegen Aston Martin, Ferrari und Porsche in der Punktewertung dicht beieinander. Trips/Bonnier mit dem Porsche RSK behaupten anfangs die zweite Position, wechseln sich dann mit Moss/Shelby/Fairman (Aston Martin) in der Führung ab und liegen eine Stunde vor Rennende noch immer auf dem zweiten Platz. Tony Brooks, der im 300 PS starken Ferrari die Verfolgung von Trips aufnimmt und ständig neue Rekordrunden fährt, gewinnt nur minimal an Boden. Und im Ziel liegt Trips – vom englischen Publikum begeistert gefeiert – noch zwei Sekunden vor dem Ferrari-Piloten.

Der Sieger in der Sportwagen-WM 1959 aber heißt Aston Martin vor Ferrari und Porsche.

Tourist Trophy
Goodwood, 5. September 1959

Großer Preis von Syrakus
Syrakus, 19. März 1960

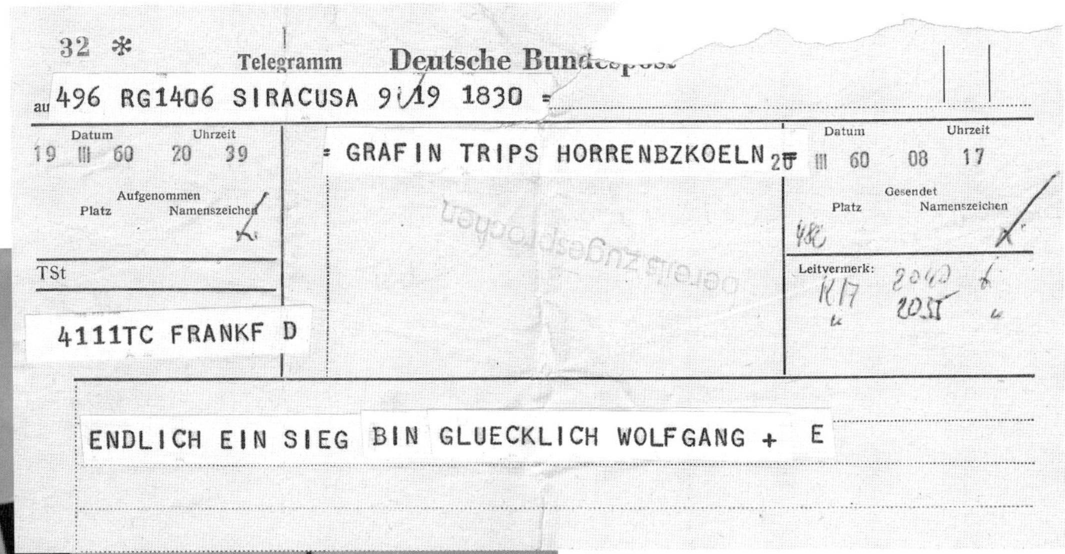
32 *
Telegramm Deutsche Bund
496 RG1406 SIRACUSA 9/19 1830 =

Datum	Uhrzeit		Datum	Uhrzeit
19 III 60	20 39	= GRAFIN TRIPS HORRENBZKOELN	20 III 60	08 17

Aufgenommen Platz Namenszeichen
Gesendet Platz Namenszeichen
TSt
Leitvermerk:
4111TC FRANKF D

ENDLICH EIN SIEG BIN GLUECKLICH WOLFGANG + E

Es war in Bern, beim Großen Preis der Schweiz 1939, als zum letzten Mal ein deutscher Fahrer – Hermann Lang – einen Grand Prix gewinnen konnte. Syrakus 1960 war zwar kein »klassischer Grand Prix« mit Weltmeisterschaftspunkten, aber immerhin ein Rennen mit fast allen Weltklassepiloten, und zum ersten Mal seit 1939 geht nach einem Rennen die deutsche Flagge am Siegesmast hoch: für Wolfgang Graf Berghe von Trips.

Trips fuhr auf dem einzigen in Syrakus gestarteten Ferrari-F2 (Dino-156-Motor, V6-Zylinder) ein großartiges Rennen, sehr schnell, beherrscht und taktisch klug. Hinter Trips belegten Trintignant, Gendebien, Ireland und Frère die Plätze.

Wolfgang Graf Berghe von Trips hatte, seit er zum erstenmal in Maranello Ferrari-Luft schnupperte, eine große Zuneigung zu Italien, zu der Atmosphäre, in der sich dort der Sport- und Rennwagenbau abspielt. Zusammen mit Ingenieur Valerio Colotti entwirft Graf Trips einen Formel-Junior-Rennwagen, der es dem Nachwuchs ermöglichen soll, zu akzeptablen Kosten bei größtmöglicher Sicherheit Wettkampferfahrung zu sammeln.

Von den insgesamt sieben gebauten TCA, eine Abkürzung für »Trips-Colotti-Auto-Union« oder, wenn ein anderer Motor verwendet wurde, »Trips-Colotti-Automobilisti«, errang gleich das erste Fahrzeug, ausgestattet mit einem Colotti-5-Ganggetriebe, einem 1000er Mitter-Motor mit einer Leistung von mehr als 80 PS, Seitentanks von insgesamt 65 l Fassungsvermögen und einer vierteiligen voll demontierbaren Alukarosserie von Fantuzzi, einen beachtlichen Rennerfolg in den USA. Das Gewicht dieses TCA entsprach mit 364 kg genau den Vorschriften. Der Preis betrug 1961 ab Modena – hier wurden die Wagen in Handfertigung gebaut – mit Motor und Getriebe rund 3500 bis 3800 US Dollar.

Der erste in Deutschland angebotene TCA war mit einem speziell von DKW vorbereiteten 4-Ganggetriebe ausgestattet und kostete DM 12 000. Dieser Anfang 1961 produzierte TCA war mit Fiat-Gatto-Bremsen ausgerüstet, hatte eine 13-Zoll-Spezialfelge von Amadori, wodurch die Verwendung von englischen Dunlop-Rennreifen möglich war. Die Stoßdämpfer waren von Koni, die Lenkung vom 750er DKW Junior.

Ein mit einem Mitter-DKW-Motor vom Typ 61 mit Doppelzündung und 90 PS Leistung bei 1000 ccm, einem 5-Ganggetriebe auf Renault-Dauphine-Basis von Colotti, Fiat-Bremsen, 13-Zoll-Amadori-Rädern mit Schnellverschluß, Dunlop-Rennreifen und Koni-Stoßdämpfern ausgestatteter TCA kostete Anfang 1961 DM 17 000.

Bei seinen zahlreichen Besuchen in der Werkstatt von Signore Fantuzzi – der auch Ferrari-Karosserien »schneiderte« – gab es immer einen regen Gedankenaustausch mit dem schwergewichtigen Maestro und Fachgespräche nach Testfahrten auf der nahegelegenen Rennstrecke in Modena.

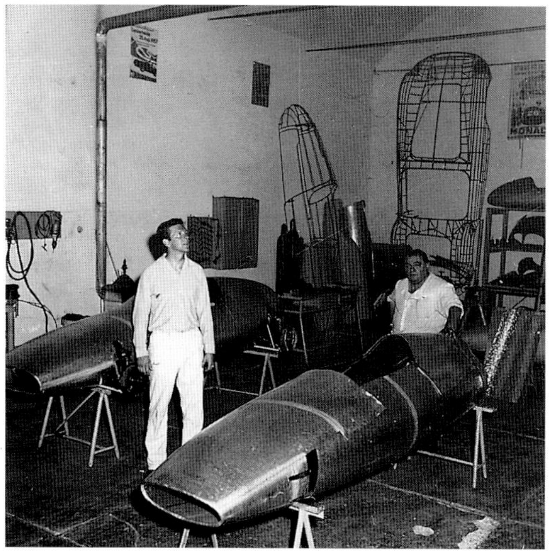

TCA

44. Targa Florio
Sizilien, 8. Mai 1960

Ferraris Streitmacht bei der 44. Targa Florio wird von Graf Trips/Phil Hill auf einem Dino 246 mit hinterer Einzelradaufhängung und Schraubenfedern angeführt. Auf den engen Landstraßen durch die sizilianischen Berge touchiert Graf Trips bereits in Runde eins einige Randsteine, fährt jedoch weiter und liegt einen Durchgang später bereits auf Rang drei. Phil Hill verbessert sich anschließend auf den zweiten Platz und Graf Trips, der den Wagen in der Schlußphase wieder übernimmt, markiert eine brillante letzte Runde in 43:38 Minuten, die zum zweiten Platz im Gesamtklassement hinter Bonnier/Herrmann (Porsche) reicht.

Auf einem »Birdcage«-Maserati gewinnen Moss/Gurney vor Bonnier/Gendebien (Porsche) und Allison/Mairesse/Graf Trips/Phil Hill das 1000-Kilometer-Rennen am 22. Mai 1960. Nach 24 Runden in Führung liegend, muß Graf Trips den V12-Zylinder mit Motorschaden abstellen. Wenig später wird der bis dahin an vierter Stelle im Gesamtklassement liegende Allison/Mairesse-Ferrari von Phil Hill/Trips übernommen. Hill/Trips »retten« für das Team aus Maranello noch den dritten Rang.

VI. Internationales
ADAC-1000-Kilometer-Rennen
Nürburgring, 22. Mai 1960

Großer Preis von Monaco
Monte Carlo, 29. Mai 1960

Auf dem 3,145 km langen Stadtkurs des Fürstentums von Monaco ist Graf Trips mit einer Trainingszeit von 1:38,3 Minuten schnellster »Frontmotor-Fahrer« und bester Pilot der Scuderia von Enzo Ferrari.

Im Rennen aber hat der Graf, hier vor Dan Gurney (B.R.M.) liegend, kein Glück. Obwohl Graf Trips klug und zurückhaltend beginnt, wird es für ihn bereits in der zweiten Runde ziemlich aufregend, als aus dem Heck seines Fahrzeuges plötzlich Flammen schlagen. Ferrari hatte das Auspuffrohr bis in Höhe der Radaufhängung gekürzt, und beim Gaswegnehmen gerieten Flammen in das Wagenheck, in dem sich Öl angesammelt hatte. Graf Trips bereitete sich schon auf den rettenden Sprung vor, als das Feuer von selbst wieder erlosch. Noch während die Strecke nach einem vorausgegangenen Regen abtrocknet, startet er eine vielversprechende Aufholjagd. Doch plötzlich klemmt das Gaspedal, und er muß seinen Ferrari in der 61. Runde, in sechster Position liegend, am Beau Rivage, an der Auffahrt zum Casino, abstellen.

Für den »Coupe des Constructeurs« der Sportwagen war das 24-Stunden-Rennen von Le Mans am 25./26. Juni der letzte Wertungslauf 1960. Ferrari, mit vier Wagen in Le Mans vertreten, siegt mit Frère/Gendebien und R. Rodriguez/Pillette. Trips/Phil Hill und Scarfiotti/P. Rodriguez fallen aus. Für Graf Trips ist das Rennen schon vor dem ersten Tankstop zu Ende. Die Ferrari-Techniker haben den Spritverbrauch zu niedrig angesetzt, so daß der Wagen wegen Kraftstoffmangels unterwegs – in dritter Position liegend – stehenbleibt. Ähnlich ergeht es auch Scarfiotti nach einer Fahrzeit von rund zwei Stunden.

24-Stunden-Rennen von Le Mans
Le Mans, 25./26. Juni 1960

Großer Preis von Holland
Zandvoort, 6. Juni 1960

Nur eine Woche später startet die Scuderia Ferrari beim holländischen Grand Prix in Zandvoort mit Phil Hill, Graf Trips und Richie Ginther erneut mit den Frontmotor-Wagen, die den englischen Mittelmotor-Fahrzeugen inzwischen klar unterlegen sind. Nach einer Trainingszeit von 1:36,7 Minuten, die dann auch nur für einen Platz in der sechsten Startreihe reicht, kämpft sich Graf Trips bis auf den fünften Rang vor und erringt zwei Weltmeisterschaftspunkte. Die Fachpresse urteilte nach dem Großen Preis von Holland:

»Mehr als der fünfte Platz von Trips war für einen Wagen der vergangenen Epoche in diesem Rennen von keinem Fahrer der Welt zu holen.«

Großer Preis der Solitude
Stuttgart, 24. Juli 1960

Auf der Solitude erleben 250 000 Zuschauer einen großen Renntag. Beim Formel-2-Rennen ist die erste Startreihe mit drei verschiedenen Fabrikaten besetzt: Lotus (Clark), Ferrari (Graf Trips) und Porsche (Herrmann). Der von Graf Trips pilotierte Mittelmotor-Ferrari-Formel-2 gibt sein Renndebut. Nach klarer Clark-Führung liegen Hans Herrmann und Graf Trips allein an der Spitze, einmal 20 Meter, mitunter 40 Meter und dann nur drei Meter voneinander getrennt. Die Rundenzeiten des Spitzenduos werden immer schneller; Trips bleibt stets hinter Herrmann: Er wartet ab, denn er kann jederzeit vorbei, weil sein Ferrari um mindestens 20 PS stärker ist.

In der 17. von 20 Runden überholt Graf Trips, neuen Rundenrekord markierend. Er siegt schließlich mit zwei Sekunden Vorsprung vor Hans Herrmann.

Spätestens nach diesem Erfolg ist klar: Der Rennfahrer Graf Trips von 1960 ist reifer geworden. Sein zweiter Sieg in einem Großen Preis ist das Ergebnis einer ausgewogenen Leistung. Zu den Gratulanten zählt auch Bundesverteidigungsminister Franz-Josef Strauß, der kein Trips-Rennen in Deutschland versäumt. In vielen Gesprächen mit dem Minister hat Graf Trips erreichen können, daß die Bundeswehr ihre Flugplätze hin und wieder für Nachwuchs-Rennen zur Verfügung stellt.

Der italienische Grand Prix, der in diesem Jahr gleichzeitig als Großer Preis von Europa ausgeschrieben ist, findet auf der 10 km langen Kombinationsstrecke von Monza statt. Um das Starterfeld nach dem Verzicht der Engländer – die es entschieden ablehnen, mit ihren in Leichtbauweise konstruierten Fahrgestellen auf der holprigen Zementbahn der Hochgeschwindigkeitsstrecke anzutreten – »aufzufüllen«, werden auch Formel-2-Fahrzeuge zugelassen. Dadurch bekommen die Konstrukteure Gelegenheit, die für die ab 1961 gültige 1,5-Liter-Formel in Vorbereitung befindlichen Wagen auszuprobieren. Graf Trips läßt auf dem Ferrari-F2 der Konkurrenz keine Chance und belegt im Feld der Formel-1-Fahrzeuge einen hervorragenden fünften Platz, obwohl er aus Sicherheitsgründen an den Boxen gestoppt hatte, um seine Reifen überprüfen zu lassen.

Großes Lob erntet Graf Trips vom Commendatore Enzo Ferrari und Konstrukteur Carlo Chiti, die sich als aufmerksame Beobachter am Erfolg ihres Schützlings erfreuen. Die Freude über den Sieg wird auch nicht durch einige Zeitungsartikel in Deutschland gestört. Als einen »ganz üblen Trick« wertet es der »Stuttgarter Sportbericht«, daß Willy Mairesse den Grafen in den Windschatten seines »großen« Ferrari genommen hatte. Fachjournalisten, auch solche, die dem dadurch »benachteiligten« Hause Porsche nahestehen, urteilen jedoch anders:
«Eine Meisterleistung, mit solcher Präzision bei einem Tempo von mehr als 200 km/h fast zwei Stunden im Zentimeterabstand hinter einem anderen Wagen herzufahren!«

Großer Preis von Italien
Monza, 4. September 1960

Ein herzhafter Schluck aus dem Sieges-
pokal nach dem großartigen Monza-Erfolg.

Großer Preis von Modena
Modena, 2. Oktober 1960

Vor 30000 Zuschauern wird der »Große Preis von Modena« auf dem 2,36 km langen Rundkurs im Aerodrom von Modena ausgefahren. Das Rennen auf der »Hausstrecke« von Ferrari ist für Formel-2-Fahrzeuge ausgeschrieben. Nach der dritten Runde bildet sich eine Spitzengruppe mit Bonnier (Porsche), Trips (Ferrari) und Moss (Lotus). Der Engländer fällt nach 21 Runden wegen Ventilschadens aus. Von da an kämpfen Bonnier und Trips an der Spitze um jeden Meter und liegen fast immer gleichauf. Bis zur 90. Runde ist dieser Zweikampf völlig offen, dann wird Graf Trips langsamer, weil die Bremsen seines Ferrari nachlassen. Bonnier siegt vor Ginther, den Graf Trips in der Schlußphase noch vorbeilassen muß.

3. Internationales
Innsbrucker Flugplatz-Rennen
Innsbruck, 9. Oktober 1960

Eine Woche nach Modena findet auf dem Flugplatz von Innsbruck im Rahmen einer großen Rennveranstaltung ein weiteres Formel-2-Rennen statt. Da Ferrari nicht meldet, startet Graf Trips, dem in Österreich große Sympathien entgegen gebracht werden und der seine zahlreichen Freunde nicht enttäuschen möchte, mit seinem privaten Cooper. Neben Hans Herrmann (Porsche) sind auch zahlreiche englische Privatfahrer am Start. Von diesen überrascht Ashmore, ein unbekannter Mann, der anfangs hinter Herrmann und vor Graf Trips liegt. Erst als der Engländer mit Getriebeproblemen zu kämpfen hat, kommt Graf Trips vorbei und wird hinter Herrmann Zweiter.

Am Rande des Rennens trifft Graf Trips auch den Medizin- und Musenmann Dr. med. Gunther Philipp, der als Nervenarzt, Kabarettist, Schauspieler, Autor und auch als Sportler bekannt und populär ist. Dr. Gunther Philipp-Plachetta ist auf einem Mercedes 300 SL gerade österreichischer Automobil-Staatsmeister 1960 für Berg- und Straßenrennen in der Klasse der Grand-Tourisme geworden. Dem Grafen imponiert dieser Mann, der ein passionierter Sportler ist, sich schon früh Knaben- und Junioren-Rekorde im Schwimmen holte und einmal Europas schnellster Schmetterling-Schwimmer war.

Großer Preis von Südafrika
East London, 26. Dezember 1960

Den Abschluß der Rennsaison 1960 bilden zwei Rennen in Südafrika, die für die Formel 2 und »formelfrei« ausgeschrieben sind. Den »Großen Preis von Kapstadt« gewinnt Stirling Moss auf einem Werks-Porsche vor Joakim Bonnier, der den zweiten Wagen aus Zuffenhausen pilotiert. Ganze zwei Meter trennen die beiden Porsche-Fahrer im Ziel voneinander.

Graf Trips liegt auf einem Lotus kurze Zeit an der Spitze des Feldes, fällt dann wegen eines Kupplungsdefektes zurück, rettet aber schließlich noch Platz drei.

Großer Preis von Kapstadt
Kapstadt, 17. Dezember 1960

Auch im »Großen Preis von Südafrika« heißt der Zieleinlauf Stirling Moss vor Joakim Bonnier. Graf Trips, wieder auf Lotus gestartet und vor dem Start noch zuversichtlich, scheidet aus.

Beim Fahrer-Briefing erkennen wir links von Graf Trips Stirling Moss und Weltmeister Jack Brabham, rechts neben dem Grafen steht Wolfgang Seidel.

Mit zehn Punkten schließt Trips die Formel-1-Fahrer-Weltmeisterschaft 1960 hinter Brabham, McLaren, Moss, Ireland und Phil Hill auf dem sechsten Platz ab.

45. Targa Florio
Sizilien, 1. Mai 1961

»Graf Trips fuhr bei der Targa Florio 1961 das Rennen seines Lebens!« So urteilte die Fachpresse nach dem Sieg von Wolfgang von Trips/Olivier Gendebien auf dem neuen 2,4-Liter-Mittelmotor-Ferrari.

Daß Trips gewann und vom Pech des in der zehnten und letzten Runde führenden Stirling Moss (Porsche) »profitierte«, ist ihm aber zu gönnen: Er lag nämlich vor zwei Jahren (als Barth/Seidel Gesamtsieger wurden) mit einem Porsche, den er zusammen mit Bonnier fuhr, ebenfalls in der letzten Runde klar an der Spitze, als knapp 20 Kilometer vor dem Ziel ein Hinterachsschaden zum Ausfall führte.

Davon abgesehen: Trips fährt bei der 1961er Targa ein meisterhaftes Rennen. Er bekommt von Ferrari-Rennleiter Tavoni für die letzten beiden Runden die Erlaubnis, den Motor 700 Touren über das von Ferrari festgesetzte 8000-Touren-Limit zu drehen. Zu diesem Zeitpunkt liegt Stirling Moss rund 50 Sekunden vor Trips. In der letzten Runde kommt Graf Trips auf eine Zeit von 40:04 Minuten. Damit unterbietet er den bisherigen Rundenrekord, von Stirling Moss 1958 auf einem 3-Liter-Aston Martin aufgestellt, um mehr als 2 Minuten.

Bei der Saisoneröffnung zur Sportwagen-Weltmeisterschaft am 26. März in Sebring hatten Graf Trips/Richie Ginther hinter ihren Ferrari-Stallgefährten Phil Hill/ Olivier Gendebien einen zweiten Platz belegt.

Großer Preis von Monaco
Monte Carlo, 14. Mai 1961

Die Formel-1-Weltmeisterschaft 1961 beginnt am 14. Mai in Monte Carlo mit dem »Großen Preis von Monaco«. Ferrari ist im monegassischen Fürstentum mit zwei Wagen des Typs Dino 156 erschienen, die den bekannten V6-Zylinder-Motor (60-Grad-Winkel) mit ca. 180 PS bei 9000/min aufweisen, während Richie Ginther als Versuchsfahrer der SEFAC Ferrari in seinem Fahrzeug (ebenfalls Tipo 156) bereits den neuen V6-Motor hat, bei dem die beiden Zylinderreihen in einem Winkel von 120 Grad zueinander stehen. Dieses Triebwerk leistet 190 PS bei 9500/min. Nach 100 Runden Renndistanz siegt Stirling Moss (Lotus-Climax) auf dem von seinem Rennmechaniker Alf Francis präparierten Vorjahres-Modell vor Richie Ginther, Phil Hill und Wolfgang von Trips.

Graf Trips kann seine Stallgefährten nur im ersten Drittel des Rennens halten, dann wird deutlich, daß sein Motor im unteren Drehzahlbereich, beim Herausbeschleunigen aus den beiden Spitzkehren, nicht ganz sauber läuft. Gegen Schluß des Rennens ist auch das Gasgestänge des Trips-Wagens nicht mehr in Ordnung. Dies ist auch der Grund, warum er in der vorletzten Runde in der Mirabeau-Kurve zu schnell ankommt und frontal in die Metallbarriere hineinfährt, die hier zur Abgrenzung angebracht ist. Der Aufprall erfolgt aber nur noch mit geringer Geschwindigkeit, so daß Graf Trips nicht verletzt wird. Lediglich die Vorderachse des Wagens wird in Mitleidenschaft gezogen.

Großer Preis von Holland
Zandvoort, 22. Mai 1961

Was sich in Monte Carlo schon abzeichnet, findet in Zandvoort seine Bestätigung. Beim 2. WM-Lauf der Saison 1961 verfügt Ferrari über das stärkste Formel-1-Fahrzeug. Alle drei Werkswagen sind nun mit dem 120-Grad-V6-Zylinder-Motor ausgerüstet, nehmen der Konkurrenz im Training rund eine halbe Sekunde ab und belegen in der Startaufstellung die ersten drei Plätze. Im holländischen Grand Prix setzt sich Graf Trips vom Start weg an die Spitze und gibt sie bis ins Ziel nicht mehr ab. Trips siegt im »X. Grote Prijs van Nederland« mit 0,9 Sekunden Vorsprung vor Phil Hill und Jim Clark, der auf dem 1,5-Liter-Lotus mit 1:35,5 Minuten die schnellste Runde des Rennens fährt.

Nach 22jähriger »Pause« ist Wolfgang Graf Berghe von Trips der erste Deutsche, welcher einen »klassischen Grossen Preis« gewinnt. Seine Eindrücke schildert er im folgenden Bericht:

»Frizione! Frizione!«, schrie mein Freund Phil Hill. Wenige Minuten vor dem Start hatte er in der Warmlaufrunde ein Versagen der Kupplung an seinem Ferrari bemerkt. Der Start seines Wagens zum zweiten Weltmeisterschaftslauf der Formel 1 schien in Frage gestellt.

In solch einer Situation können einem schon die Nerven durchgehen, denn sonst war Phil eigentlich nie nervös. Ferrari-Rennleiter Tavoni boxte sich durch die Menge, die die 15 am Start aufgestellten Wagen umringte. Monteure stürzten heran, um Phil zu helfen. Einer von ihnen schmiss sich unter Hills Wagen und fingerte an einer Schraube herum.

Inzwischen kam das Signal:
NOCH 3 MINUTEN BIS ZUM START!

Funktionäre drängten Journalisten, Fotografen und Helfer vom Startplatz. Nur um den roten Ferrari mit der Startnummer 1 standen noch Monteure. Es war nun nicht so, daß ich überhaupt nicht nervös gewesen wäre. Es packt mich immer, wenn ein schweres Automobilrennen vor mir liegt, denn das Warten auf den Start kostet Nerven. Neben Phil stand ich zusammen mit Richie Ginther in der ersten Startreihe; wir hatten die besten Trainingszeiten gefahren. Dann kam die Lautsprecherdurchsage:
»NOCH EINE MINUTE BIS ZUM START!«

Nun brüllten alle Motoren der Rennwagen auf. Auch Phil saß am Steuer und schien beruhigt. Ein letztes Mal wurden die Rennbrillen zurechtgerückt. Nur noch 30 Sekunden, noch 20, noch 10.

Ich legte den ersten Gang ein.
Als der Starter die Flagge senkte, gab ich Vollgas. Mein Wagen wedelte etwas. Die Antriebsräder drehten durch. Phil war rechts neben mir etwas schneller. Ich schaltete in den zweiten Gang und ließ vor der ersten Rechtskurve das Gas länger stehen als Phil. Ich zog den Wagen als erster in die Kurve, Phil dichtauf, und hinter uns, Rad an Rad, das gesamte Feld. Ich zog dem Feld in der ersten Runde etwas davon. Wie immer, wenn es bei einem Rennen hart auf hart geht, fühlte ich mich auch zu Beginn dieses Weltmeisterschaftslaufes sehr wohl.

Nach der zweiten Runde hatte sich mein Vorsprung gegenüber Phil vergrößert. In der 14. Runde, beim Beschleunigen und Anfahren der kleinen Steigung hinter Start und Ziel, kam mein Wagen in gefährliche Pendelbewegungen. Vier-, fünf- und sechsmal tanzte das Heck des Wagens wild hin und her. Vorsichtig unterbrach ich, das Lenkrad hart hin und her drehend, die Beschleunigung. Es gelang mir, aber ich hatte den Wagen fast zum Stillstand gebracht und mußte im ersten Gang wieder anfahren. Die zu Phil in den vorangegangenen Runden gewonnenen sechs Sekunden waren fast verloren. Er hing jetzt wieder dicht an meinen Hinterrädern. Nach der 21. Runde erhielt ich von den Boxen das Signal, daß Jimmy Clark, seit einem Jahr stärkster Mann im Lotus-Team, Phil vom zweiten Platz verdrängt hatte. War ich bisher noch ruhig gewesen, so begannen mich plötzlich Zweifel zu peinigen. Es ging zwar nicht soweit, daß ich unsicher geworden wäre, aber es belastete mich ungeheuer, mich plötzlich auf mich alleine gestellt zu sehen und meinen Führungsplatz gegenüber einem Fahrer der Konkurrenz verteidigen zu müssen.

Außerdem war die Situation für mich, in einem klassischen Grand Prix zu führen, neu. Aus dieser Belastung heraus hatte ich Angst, fahrerisch zu verkrampfen, Fahrfehler zu machen und die Führung einzubüßen. Ich mußte mich scharf konzentrieren. Immer wieder sah ich bei den Boxenpassagen, daß Clark noch knapp hinter mir lag. Ich achtete aber trotz allem darauf, die Gänge nicht zu hoch zu drehen, die Kurven richtig anzufahren, richtig und nicht zu scharf zu bremsen und die Stellen auf der Strecke schnellstens zu erkennen, die durch Öl, Gummiabrieb und den feinen Sandstaub glatt geworden waren.

Und wieder kam eine Belastung, die mich erschreckte: Ich spürte plötzlich, daß sich das Gaspedal ganz leicht durchtreten ließ. Schon glaubte ich, die Rückholfeder funktionierte nicht mehr richtig, glaubte schon, der Motor werde in einer Kurve nicht mehr entlastet werden können. Ich sah mich schon anhalten und aussteigen, und das in einer Situation, die nach einem Sieg aussah. Ich behandelte das Gaspedal ganz vorsichtig. Nach drei weiteren Runden hatte ich die Geschichte vergessen.

30 Runden waren gefahren, Phil lag wieder auf dem zweiten Platz vor Clark, Moss, Ginther, Graham Hill, Brabham, Surtees, Brooks und Gurney.

Auch nach einstündiger Renndistanz ging es mir persönlich noch recht gut. Ich hatte die Luftklappe zum Fahrersitz geöffnet, so daß es mir nicht zu heiß wurde. Hitze kann ich nämlich schlecht vertragen. Später hatte ich eine weitere brenzlige Situation zu meistern, als ich in einer Rechtskurve mit dem Vorderrad von der Strecke in den Sand kam. Auf allen vier

Rädern querstehend, durchschleuderte ich mit meinem Ferrari die Kurve. Es sah nicht nur mulmig aus, es war auch so. Aber es ging gut.

Bis zum Schluß gelang es mir, wenn auch knapp, die Führung zu behalten. In der letzten Runde erleben die meisten Rennfahrer noch einmal starke psychische Belastungen. Auch ich bin nicht frei von solchen Spannungen, da ich in meiner Laufbahn schon öfters in der letzten Runde herausgeflogen bin oder ein Rennen aufgeben mußte. Als ich das Signal sah, daß noch zwei Runden zu fahren waren, nahm ich wieder gewissenhaft Kurve für Kurve, zog die kleine Steigung hinauf, durchfuhr die langgezogenen Kurven in den Dünen.

Aber gerade vor Start und Ziel machten sich bei mir wieder Zweifel bemerkbar, ob ich wohl auch die letzte Runde durchstehen würde. Da sah ich zu meiner Überraschung bereits die schwarz-weiß-karierte Flagge des Rennleiters.

Gewonnen!!!

Ich war überrascht, hatte ich doch noch mit einer weiteren, der letzten Runde, gerechnet. Ich wußte nicht, ob die Anzeige von noch zwei zu fahrenden Runden ein Irrtum war oder aber mit Absicht erfolgte. All das war aber schnell vergessen:
Ich hatte meinen ersten Weltmeisterschafts-Grand-Prix gewonnen.

Nach der Auslaufrunde herrschte nicht nur unter den Ferrari-Monteuren an Start und Ziel große Begeisterung. Alle streckten mir ihre Hände entgegen. Man gratulierte mir, auch Prinz Bernhard der Niederlande. Das Publikum winkte mir begeistert zu. Auch Phil kam auf mich zu, umarmte mich. Wir waren über unseren Erfolg sehr glücklich und zufrieden.«

VII. Internationales
ADAC-1000-Kilometer-Rennen
Nürburgring, 28. Mai 1961

SEFAC Ferrari meldet für den dritten Wertungslauf um den »Coupe des Constructeurs« zwei Wagen des neuen Tipo 246, mit V6-Zylinder-Mittelmotor, die von Graf Trips/Phil Hill und Ginther/Gendebien gefahren werden.

Auf trockener Strecke ist Graf Trips mit einer Trainingszeit von 9:33,7 Minuten der Schnellste. Hill/Trips führen im Rennen bis zum Ausfall in der 25. Runde und diskutieren anschließend mit Carlo Chiti über die Ursache ihres Ausscheidens.

Rennleiter Tavoni setzt zwar Graf Trips in der Schlußphase noch in den Ginther/Gendebien-Wagen, ohne damit aber den Gesamtsieg von Gregory/Casner (Maserati Tipo 61) vor den Brüdern Rodriguez (Ferrari TR 61) gefährden zu können.

Großer Preis von Belgien
Spa-Francorchamps, 18. Juni 1961

Mehr noch als in Zandvoort wirkt sich auf dem 14,1 Kilometer langen Hochgeschwindigkeitskurs in den Ardennen die motorische Überlegenheit der Ferrari aus. Der Commendatore setzt nicht weniger als vier Wagen ein: Graf Trips, Phil Hill und Ginther lenken wiederum den neuen 120-Grad-V6-Zylinder mit rund 190 PS, während Olivier Gendebien den von der »Equipe Nationale Belge« gemeldeten und in der belgischen Rennfarbe »gelb« lackierten Wagen von Gian Carlo Baghetti mit dem 60-Grad-V6-Motor pilotiert. Trainingsschnellster ist Phil Hill vor Graf Trips und Gendebien, Surtees (Yeoman Credit Cooper) folgt vor Ginther.

Vor dem Start fachsimpeln (v.l.) Olivier Gendebien, Wolfgang Graf Berghe von Trips, Joakim Bonnier, Lorenzo Bandini, John Surtees, Dan Gurney, Stirling Moss, Jim Clark, Tony Brooks und Phil Hill. Vom Start weg sind die Ferrari tonangebend. Anfangs macht Gendebien seinen Landsleuten zwar einige Hoffnung auf einen belgischen Grand-Prix-Sieg, aber schon nach wenigen Runden übernehmen Phil Hill und Graf Trips die Führung, die sie bis ins Ziel nicht mehr abgeben. Durch ständige Positionswechsel sorgen die beiden Ferrari-Piloten jedoch für Spannung. Phil Hill gewinnt nach 30 Runden und 423 Kilometern mit 0,7 Sekunden vor Trips; Ginther belegt rund 20 Sekunden hinter dem Sieger Rang drei vor dem vierten Ferrari mit Olivier Gendebien am Steuer.

Beim vierten Wertungslauf für die Automobil-WM 1961 startet der Italiener Gian Carlo Baghetti neben Graf Trips, Phil Hill und Richie Ginther für die Scuderia Ferrari. Er fährt den 60-Grad-V6-Zylinder-Wagen, der unter der Regie der FISA läuft. FISA ist die Abkürzung für die »Vereinigung italienischer Rennställe«. Es handelt sich nicht um einen offiziellen Werkswagen, auch wenn der Monoposto vom Werk technisch betreut wird.

Nach dem Training ist die Ferrari-Überlegenheit wiederum erdrückend: Phil Hill (16) steht beim Start vor Graf Trips (20) und Richie Ginther (18), dann folgt Stirling Moss.

An die 54 Grad Celsius werden in der Sonne gemessen, als das Feld auf die 431 Kilometer (52 Runden) lange Reise geschickt wird. Schon nach zehn Runden scheinen sich die Prognosen der Fachwelt zu bestätigen – Ferrari führt durch Phil Hill, Trips und Ginther mit deutlichem Vorsprung. Im 19. Durchgang aber kommt für den noch in zweiter Position liegenden Graf Trips das bei Rennen in Frankreich schon fast traditionelle Aus: Motorschaden als Folge eines durch einen Steinschlag beschädigten Kühlers.

Nach 25 Runden liegt Baghetti auf Rang drei. Am Ende des 40. Durchgangs heißt der Spitzenreiter Ginther; Phil Hill hat sich in der Thillois-Kurve gedreht und dabei den Motor abgewürgt. Nur eine Runde später scheidet Ginther mit Motorschaden aus. In der Schlußphase sieht sich Baghetti, der erstmals einen Weltmeisterschafts-Grand-Prix fährt, in Führung liegend, einem ununterbrochenen, sehr scharfen Angriff der beiden Werks-Porsche mit Dan Gurney und Joakim Bonnier ausgesetzt. Nach dem Ausfall von Bonnier kämpft Gurney allein gegen Baghetti weiter, doch der Italiener kann sich mit einer Wagenlänge Vorsprung ins Ziel retten.

Phil Hill plaziert sich mit zwei Runden Rückstand als Neunter, und bleibt dadurch – ebenso wie Graf Trips –, ohne WM-Punkte, führt aber die Wertung mit 19 Zählern vor Graf Trips (18 Punkte), Ginther und Moss (je 12 Punkte) sowie Baghetti und Gurney (je 9 Punkte) an.

Großer Preis von Frankreich
Reims, 2. Juli 1961

Der 14. R.A.C. British Grand Prix auf dem 4,8 Kilometer langen mittelschnellen Kurs von Aintree bei Liverpool ist als »das Trips-Rennen« in die Grand-Prix-Geschichte eingegangen.

30 Wagen der Werks-Mannschaften von Ferrari, Porsche, Cooper, Lotus und B.R.M., aber auch von Privatrennställen, stehen am Start.

Nur eine Sekunde differieren die Trainings-Rundenzeiten der zehn schnellsten Fahrzeuge. Vier Fahrer weisen gar die gleiche Zeit für die schnellste Runde mit 1:58,8 Minuten auf: Joakim Bonnier (Porsche), Wolfgang Graf Berghe von Trips, Richie Ginther und Phil Hill (alle auf Ferrari). Moss ist 0,2 Sekunden langsamer und nimmt Startposition 5 ein.

Kurz vor dem Start setzt Regen ein. In aller Eile werden die Reifen der Wagen gewechselt und so sind die bis zum Start verbleibenden 15 Minuten von Hektik geprägt.

Vom Start weg liegen drei Ferraris, allen voran Phil Hill, an der Spitze, gefolgt von Stirling Moss. Richie Ginther dreht sich in der 6. Runde und muß Moss, der dadurch an die dritte Stelle vorrückt, vorbeilassen. In der 7. Runde setzt sich Graf Trips vor Phil Hill, der kurze Zeit später auch von Moss überholt wird und auf die dritte Position zurückfällt.

Graf Trips und Stirling Moss können sich vom übrigen Feld absetzen. Für den Versuch, näher an Graf Trips heranzukommen, muß Stirling Moss mit einem Dreher zahlen, der den Abstand auf 8 Sekunden vergrößert.

Mehr als die Hälfte der 75 Runden sind zurückgelegt, als der Regen aufhört. Stirling Moss hat seine Bremsen zu stark strapaziert, muß an die Boxen und auf einen anderen Wagen umsteigen. Ohne Erfolg. Wolfgang Graf Berghe von Trips heißt nach 2:40:53,6 Stunden und 362 Kilometern der Sieger des Rennens, und erst 47 Sekunden nach ihm fahren Phil Hill, Richie Ginther, Jack Brabham auf Cooper und Joakim Bonnier auf Porsche über die Ziellinie.

Richard von Frankenberg nach dem englischen Grand Prix: »Ich will ganz offen sein: Daß Trips heute sehr schnell und sehr zuverlässig ist, das war uns allen klar. Daß er auch ein so guter Regenfahrer sein würde, davon war ich noch nicht hundertprozentig überzeugt. Nach Aintree bin ich es jetzt.«

Der Sieg bringt Graf Trips (27 Punkte) wieder an die Spitze der WM-Wertung vor Phil Hill (25), Richie Ginther (16) und Stirling Moss (12).

Großer Preis von England
Aintree, 16. Juli 1961

Signora Laura Ferrari
mit dem strahlenden
Aintree-Sieger.

Anfang August 1961 ist Graf Trips Gast der »Sky Blazers«, die als »Akrobaten der Luft« weltweit berühmt sind. Beim Mitflug in einer F-100 erlebt Graf Trips den Nürburgring einmal aus der Vogelperspektive. Für einige kurze Augenblicke darf er, als gerade Burg Hemmersbach überflogen wird, selbst Pilot spielen.

Später, nachdem Graf Trips wieder sicheren Boden unter den Füßen hat, erhält er im Bitburger Offizierskasino die Urkunde des »Mach Busters Club«, in der ihm ein erfolgreicher Durchbruch der Schallmauer bescheinigt wird.

Flugplatz Bitburg/Eifel
3. August 1961

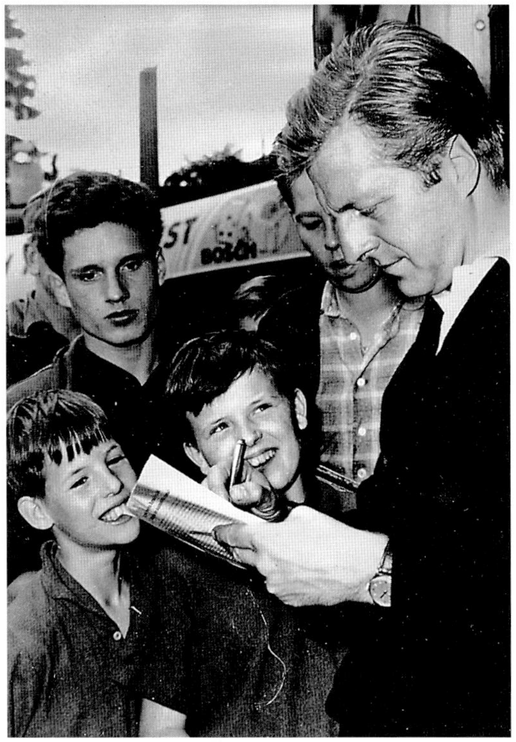

Großer Preis von Europa
Nürburgring, 6. August 1961

Das Motorsport-Ereignis des Jahres, wenn nicht gar des Jahrzehnts, in Deutschland. Nicht zuletzt wegen Graf Trips strömen wahre Menschenmassen in die Eifel. Dieses Rennen und das ganze Drumherum schildert Wolfgang Graf Berghe von Trips im folgenden Beitrag:

»An jenem ersten August-Wochenende waren 300 000 Zuschauer zum Nürburgring geströmt, um den sechsten Lauf zur Weltmeisterschaft, den »Großen Preis von Europa«, mitzuerleben.

Sie wußten nicht, ob ihnen unser alter Wettermacher Petrus, der sich gerade in der Eifel von einer recht rauhen Seite zeigen kann, günstig gesonnen sein würde. Sie wußten auch nicht, wenn sie schon am Samstag oder gar am Freitag zu den Trainingsläufen eintreffen wollten, wo und wie sie während der Nacht in den verstreuten Eifeldörfern unterkommen könnten.

Und sie wußten schließlich nicht, welches Ergebnis die 15-Runden-Jagd der Formel-1-Rennwagen um die Nürburg bringen würde. Eins aber war sicher: Das zweifellos spannendste Rennen der diesjährigen Fahrer-Weltmeisterschaft stand bevor.

Nicht zu Unrecht gilt der Nürburgring als die schönste und schwierigste Rennstrecke der Welt. Seit der Kurs im Jahre 1927 eröffnet wurde, haben hier alljährlich Hunderttausende die Weltklassefahrer des Motorsports über die 22,810 km lange Nordschleife und die 7,747 km lange Südschleife jagen sehen. Namen wie Rudolf Caracciola, Hans Stuck, Tazio Nuvolari, Bernd Rosemeyer, Alberto Ascari, Juan M. Fangio und Stirling Moss sind mit dem Nürburgring unlösbar verbunden. Sie sind hier zum unerbittlichen Kampf gegen die Strecke angetreten und haben ihr Sekunde um Sekunde abgerungen. Neun Jahre nach der Eröffnung gelang es im Jahre 1936 zum ersten Male Bernd Rosemeyer auf einem Wagen der Auto-Union, der mit einem 6,3 Ltr.-Kompressor-Motor ausgerüstet war und 545 PS leistete, unter die magische 10-Minuten-Grenze zu kommen, indem er die Strecke in 9:56,3 Minuten schaffte. Als

Fangio 1957 den »Großen Preis von Deutschland« gewann, fuhr er die schnellste Runde mit seinem 2,5 Ltr.-Maserati in 9:17,4. Man war sich darin einig, daß diese Zeit nicht mehr zu unterbieten wäre. Bereits ein Jahr später jedoch sorgte Stirling Moss für die Sensation, als er mit einem 2,5 Ltr.-Vanwall in 9:09,2 einen neuen Rundenrekord aufstellte, was einer Durchschnittsgeschwindigkeit von 149,5 km/h entspricht. Seitdem war das Ziel für uns Grand-Prix-Fahrer vorgezeichnet: Erreichung, und wenn möglich, Unterbietung der 9-Minuten-Grenze. Die Entscheidung sollte am 6. August auf dem Nürburgring fallen.

Als Rennfahrer muß man sich daran gewöhnen, aus der Situation an den Trainingstagen und selbst noch am Vorabend des Rennens keine allzu ernsten Schlüsse auf den eigentlichen Rennverlauf zu ziehen.
Als ich am Freitag auf dem Nürburgring ankam, waren meine Team-Kollegen Phil Hill, Richie Ginther und Willy Mairesse schon im Tribünen-Hotel eingetroffen. Unsere roten Ferraris waren in italienischen Spezial-Lastwagen über den Brenner bis zum Ring transportiert worden und standen schon startbereit mit frischglänzenden Karosserien in den Boxen.

Bei einem Rundgang durch das Fahrerlager, in dem schon ein wirres Durcheinander von Monteuren, Sportfunktionären, Team-Betreuern, Rennfahrern, Journalisten und Fotografen herrschte, mußte ich zuallererst feststellen, daß die Vorkehrungen, die wir zur Ableitung der Hitze aus dem Wageninneren getroffen hatten, zu meinem großen Bedauern wieder beseitigt waren. So unwichtig eine derartige Feststellung zunächst auch erscheinen mag, für uns, die wir stundenlang im engen Cockpit unseres Wagens eingekeilt sitzen müssen, ist sie von größter Bedeutung. Bei Ferrari müssen die Karosserien immer funkelnagelneu aussehen, und manche haben dort wenig Verständnis, wenn wir Fahrer Löcher in die Blechverkleidung bohren, damit wir während des Rennens wenigstens einen kleinen Luftstrom in das Wageninnere bekommen. Beim späteren Training, das zeitweise in der prallen Sonne stattfand, war ich darüber so verärgert, daß ich den Ferrari-Ingenieuren, die sich nach dem Zustand des Wagens erkundigten, nur antwortete: »Das Ding ist zu heiß, mehr sage ich nicht!«

Schließlich ließ man sich zu einer ganz großen Ausnahme bewegen: mir wurde erlaubt, einen zusätzlichen Luftschlitz in der vorderen Karosseriehaube anbringen zu lassen. Aber zunächst mußte ich noch mit einem gegen jeden vermeidbaren frischen Luftzug sorgfältig abgedichteten Wagen ins Training gehen, das am Freitag um 11 Uhr begann.

Die Ferraris starteten mit einer Wageneinstellung, die bereits nach dem Rennen von Spa auf dem Nürburgring erfolgreich ausprobiert worden war. Das einwandfreie Funktionieren eines Rennwagens hängt von so vielen einzelnen Faktoren ab, daß sich geradezu eine Vielzahl von Kombinationsmöglichkeiten ergibt.

So lassen sich die Fahreigenschaften durch Verstellung der Stoßdämpfer nach Druck, Schub, Weiche und Härte, durch Verstellung der Federn, der Gummipuffer, der Hinter- und Vorderachse nach Vorspur, Nachspur und Sturz und schließlich durch Verlagerung des Rollzentrums beliebig ändern. Endlich spielen aber auch noch Beschaffenheit und Temperatur der Reifen eine wichtige Rolle, wenn es um wertvolle Sekunden geht. Übersteigt nämlich die Reifentemperatur die von den Spezialisten festgesetzten Grenzen – das sind in der Regel 70 bis 80 Grad – so wird der Belag schmierig und die Bodenhaftung mindert sich erheblich.

Als wir nun am Freitagmorgen bei trübem Wetter vom Zielhaus weg auf Kurs gingen, mußten meine drei Stallgefährten und ich zu unserem nicht geringen Erschrecken die Feststellung treffen, daß unsere Wagen ausgesprochen schlecht liefen und das, obwohl uns unsere Monteure versichert hatten, die bereits ausprobierten Einstellungen wieder zusammengebaut zu haben. Auch eine solche Arbeit ist eben nur Glückssache. Und wir vier von Ferrari hatten diesmal kein Glück. Um nun wieder die richtige Einstellung zu finden, hätten wir noch tagelang trainieren müssen. Dazu war es aber nun, zwei Tage vor dem Rennen, viel zu spät.

Am folgenden Tag, Samstag, sollte bereits das letzte offizielle Training stattfinden, und von den bis dahin erzielten Zeiten würde die Startaufstellung abhängig sein. Was sollte man nun also tun?

Ich brach mit meinem Grundsatz und steuerte in meiner Verzweiflung die Kurven etwas schneller an als sie es eigentlich zuließen. Die Hinterräder schlitterten über den Asphalt, aber die Rundenzeiten wurden dadurch nicht besser. Ich hatte immer das Gefühl, den Wagen hinter mir herziehen zu müssen.

Nach der zweiten Runde rollte ich an die Boxen. Mit einem solchen Fahrzeug das Training fortzusetzen, hatte überhaupt keinen Zweck. Meine Monteure änderten die Hinterachseneinstellung und den Sturz der Räder, während meine Rennfahrer-Kollegen eifrig weiter trainierten.

Endlich war die hintere Karosseriehaube wieder aufgesetzt und ich jagte mit neuem Mut hinter der knatternden Meute her.

Der Wagen lag nun schon fühlbar besser

in den Kurven und ich begann wieder Hoffnung zu schöpfen.

Nach der ersten Runde wollte ich den Kampf gegen die Stoppuhr aufnehmen und fuhr auf Zeit. Es ist ein berauschendes Gefühl, die Neunzentnerlast des vibrierenden Wagens immer schneller von Kurve zu Kurve zu hetzen und auf geraden Strecken mit 250 km/h über die Piste zu fliegen. Hart singen die Räder über die Straße und teilen jede Unebenheit ins Wageninnere mit. Als ich den Wagen in den Pflanzgarten zog, geschah es. Der Motor begann plötzlich zu klappern und zu tuckern, ich hätte verzweifeln mögen. Da stand man nun zwei Tage vor dem schwierigsten Rennen der diesjährigen Formel-1-Weltmeisterschaft, hatte sich schon seit langem darauf vorbereitet, hatte stundenlang an dem Wagen herumgebaut, und dann macht der Motor schlapp!

Ich lenkte den Wagen an den Fahrbahnrand, um die Maschine nicht noch mehr zu strapazieren und ließ mich von meinem Freund Eberhard Mahle, der mit Erfolg Sportwagen-Rennen fährt und durch Zufall dort vorbeikam, zum Start- und Zielplatz mitnehmen.

Wenn man mit einem Formel-1-Rennwagen über den Ring fährt, erscheinen 22 Kilometer nicht lang. Muß man aber sein defektes Fahrzeug mit einem Privatwagen über die Landstraße den Berg hinauf zum Fahrerlager schleppen, will die dahinschlängelnde Fahrbahn überhaupt kein Ende nehmen, zumal dann, wenn man es eilig hat.

Wenn es nur eine unwesentliche Panne war, so rechnete ich mir aus, würde ich vielleicht zum Nachmittags-Training wieder mitmachen können. Meine Monteure ersparten mir jedoch eine weitere Enttäuschung nicht, als sie mir mitteilten, daß der Wagen in den wenigen Stunden unmöglich in Ordnung gebracht werden könnte. Kameradschaftlich kam zwar sofort Phil Hill zu mir und bot mir seinen Wagen zum Training an. Aber in Anbetracht des bevorstehenden Entscheidungskampfes zwischen uns beiden hätte ich doch ungern die Verantwortung tragen mögen, wenn seinem Ferrari mit mir am Steuer etwas passiert wäre. Unglück hatte ich ja heute schon genug gehabt.

So kam also nur das Auto von Richie Ginther in Frage, da Willy Mairesse, unser vierter Teamfahrer, selbst große Probleme mit seinem Wagen hatte und laufend die Einstellungen ändern ließ. Richie Ginthers Wagen ist jedoch auf seine ziemlich kleine Statur zurechtgeschnitten und hinter dem Rücken verläuft dort noch eine Strebe, die bei unseren Fahrzeugen herausgesägt ist. Ich paßte also in sein Auto nicht hinein. So traurig auch die Einsicht war, mußte ich mich doch damit abfinden, daß für mich das Training an diesem Tag zu Ende war.

Während nun am Nachmittag die Cooper, Porsche, Lotus und B.R.M.-Wagen an mir vorbeipfiffen, stand ich ziemlich nervös in der Rolle eines Zuschauers an den Boxen. In einer solchen Situation bin ich am liebsten immer ganz alleine, um meine Ruhe zurückzugewinnen.

Auf dem Nürburgring ist so etwas aber ganz unmöglich. Noch aus der Zeit, in der ich auf dem Motorrad erste Rennen fuhr, sind mir so viele Leute bekannt, daß mir oft nur noch ihr Gesicht in Erinnerung ist, wobei ich andererseits aber genau weiß, daß sie mich noch sehr gut kennen und mir nun in einer so unangenehmen Lage irgendein paar nette Worte sagen wollen, um mich zu zerstreuen oder mir wieder Mut zu machen.

Ich bin dann immer ganz gerührt über eine solche Anteilnahme, andererseits aber auch sehr betreten, wenn ich nach dem Namen suchen muß und mich nur noch ganz dunkel an Ereignisse erinnere, auf die ich gerade angesprochen werde. Ich leide darunter, daß es heißen könnte: »Na, damals, als er noch ein kleiner Motorradfahrer war, konnte man ihn ja noch ganz gut ansprechen, aber heute, wo er der bekannte Formel-1-Rennfahrer ist, kennt er einen kaum noch.«

So werde ich dann immer nervöser, und wenn mich schließlich noch Fernsehreporter zu einer Aufnahme zerren wollen, sinne ich zumeist auf Flucht. So auch am Freitag nach dem Training. Ich fuhr zu meinem Monteur Gert Gentsch, der in einem abgelegenen Bauerndorf fernab von dem Lärm des Tribünenhotels untergekommen war und legte mich dort erst einmal richtig zur Ruhe. Am Samstagmorgen war ich dann gründlich ausgeschlafen.

Rennleiter von Diergard und Direktor Koll von der Nürburgring GmbH hatten sich bereit erklärt, am Samstag in aller Herrgottsfrühe für uns Ferrari-Fahrer die Strecke noch einmal für eine Stunde sperren zu lassen, damit wir vor dem letzten offiziellen Training wenigstens einen Teil der Versäumnisse des vergangenen Tages wiedergutmachen konnten. Während meine Kollegen noch schliefen oder aber im Fahrerlager an ihren Wagen herumschraubten, jagte ich meinen Ferrari durch den grauen Morgen über den noch taufeuchten Asphalt. Mit mir fuhr Phil Hill, und als Dritter hatte sich noch Jack Brabham mit seinem neuen Achtzylinder-Cooper zu uns gesellt.

Jetzt endlich klappte es besser. Die Maschine zog tadellos aus den Kurven heraus, und ich kam unter die ominöse 9-Minuten-Grenze. Mit dem Anschluß unserer Zeiten an die der Konkurrenten war die Aufgabe des morgendlichen Trainings erfüllt, und um beim offiziellen Mittagstraining noch frisch zu sein, rollten wir wieder an die Boxen.

Im Verlaufe des Vormittags klärte der Himmel auf. Während am Morgen noch dicke graue Wolken über der Eifel lagen, strahlte zu Beginn des Mittagstrainings die Sonne aus einem tiefblauen Himmel.

Ich wollte es zunächst nicht glauben, als mein Wagen kurz nach dem Trainingsstart wieder die gleichen Unregelmäßigkeiten wie am Vortag zeigte. Unsere guten Zeiten vom Vormittag waren also lediglich der frischen Luft zuzuschreiben. Trotz größter Anstrengungen und einer ziemlich riskanten Fahrweise kam ich nicht unter 9:05,5 Minuten und diese Zeit reichte nur zum fünften Startplatz.

Nachdem die Sky Blazers mit ihren vier Düsenjägern in der Rennpause vor dem Start zum »Großen Preis von Europa« nur wenige Dutzend Meter über die Köpfe der Zuschauer hinweggedonnert waren, galt das ungeteilte Interesse des Publikums wieder dem Startplatz, wohin die 26 Formel-1-Rennwagen gerollt wurden.

Die erste Startreihe sah so bunt wie nur irgend möglich aus: Neben Phil Hill im roten Ferrari stand Jack Brabham in seinem Cooper, der im Training mit seinem Achtzylinder-Climax-Motor bereits für eine echte Überraschung gesorgt hatte. Daneben hatten Stirling Moss im Lotus und Joakim Bonnier im Porsche Aufstellung genommen. Ich stand wegen der Tücke meines Motors in der zweiten Startreihe.

Die Hunderttausende entlang der Strekke wußten ebenso wie wir sechsundzwanzig Fahrer, daß ein spannendes und entscheidendes Rennen bevorstand. Zum einen sollte, wie schon beim Training, die 9-Minuten-Grenze unterboten und damit ein neuer Nürburgring-Rekord aufgestellt werden und zum anderen mußte die Entscheidung zwischen Phil Hill und mir fallen.

Während normalerweise Kämpfe innerhalb eines Teams von den Rennleitern nicht gerne gesehen werden, war es diesmal Enzo Ferrari selbst, seinem Rennleiter Tavoni und Phil Hill und mir ohne weiteres klar, daß wir gegeneinander antreten mußten. Vom Rennstall hatten wir beide keine Order bekommen, so daß wir völlig freie Bahn hatten.
Am Abend zuvor, als ich mich auf meinem Zimmer noch etwas ausruhen wollte, klopfte Tavoni an die Tür, um mit mir noch einmal über das bevorstehende Rennen zu sprechen. Dabei räumte er ein, daß wir auf dem Ring bei einer von uns in diesem Jahr gebräuchlichen Übung ablassen könnten. Es war nämlich bislang Brauch, denjenigen Teamkameraden, der in der ersten Hälfte des Rennens geführt hat, in der zweiten Hälfte nicht mehr anzugreifen. Er gestattete mir auch, auf der Rückseite der Boxen einen Freund zu postieren, der mir während des Rennens, wenn ich auf der Gegengeraden zurückkam, private Boxenzeichen geben sollte. Dies hat den ungeheuren Vorteil, daß man die Rundenzeiten und sonstigen Mitteilungen unmittelbar nach dem Wenden in der Südkehre bekommt und nicht, wie die offiziellen Boxenzeichen, erst am Schluß der Runde.

Das Rennen war für Phil und mich also völlig offen, und wenn wir uns begegneten, wußten wir beide nicht so recht, was wir miteinander sprechen sollten. Einmal, um unsere nette Kameradschaft, die uns in den gemeinsamem drei Ferrari-Jahren immer verbunden hat, nicht durch die bevorstehende Entscheidung zu gefährden, zum anderen aber auch deshalb, um die Spannung, der wir beide ausgesetzt waren, nicht noch zu erhöhen.

Um so überraschter war ich, als am gleichen Abend plötzlich Phil Hill in der Türe zu meinem Hotelzimmer stand und fragte, ob er nicht noch auf einen Sprung hereinkommen könne. Aber er sprach mit mir über etwas ganz anderes, was mit dem Rennen überhaupt nichts zu tun hatte, und ich gewann den Eindruck, daß er es genau so wie ich jener Katze nachmachte, die vorsichtig um den heißen Brei herumschleicht.

Jeden Moment wartete ich darauf, daß er das morgige Rennen erwähnen würde. Aber nichts von alledem. Phil plauderte über dies und jenes, lobte die vorzügliche Küche des Restaurants, in dem er gestern gegessen hatte und hoffte, daß morgen die Sonne genau so schön scheinen möge wie heute beim Training.

Schließlich hielt ich es nicht mehr aus. Ich sah ihm lachend gerade ins Gesicht und fragte in scherzendem Ton: »Na, Phil, wie ist es, werden wir morgen miteinander kämpfen?« Worauf er mich ganz ernst ansah mit einem Ausdruck, der zu sagen schien: »Das liegt doch ganz an Dir«. Dann hob er aber den Kopf etwas an und antwortete entschlossen: »Natürlich werden wir miteinander kämpfen!«

Dieser Kampf stand also nun bevor und fünf Minuten vor dem Start, als ich schon in meinen Wagen geklettert war, dachte ich noch einmal darüber nach.

Immer wenn ich in meinem Wagen sitze, das Steuer in den Händen habe und den Gegendruck der Pedale unter den Füßen spüre, sobald ich also eins mit meinem Ferrari geworden bin, fällt die innere Anspannung, die sich vor jedem Rennen meiner bemächtigt, mit einem Schlag von mir ab. Jetzt brauche ich nicht mehr an all die Kleinigkeiten zu denken, die zwar auch wichtig sind, aber einen doch sehr belasten. Ich brauche nicht mehr daran zu denken, ob ich nicht vielleicht die Handschuhe, die Brille, die Rennschuhe, den

Helm oder sonst irgend etwas vergessen habe, ich brauche keine neuen Reifen mehr aufziehen zu lassen oder mich um die Frischluftzufuhr im Innenraum zu kümmern. Das ist nun alles vorbei. Jetzt gibt es nur noch eins: Fahren. Vor mir liegt die Strecke, die bewältigt werden muß.

So erging es mir auch an jenem Sonntag auf dem Nürburgring. Der »Große Preis von Europa« sollte über 15 Runden ausgetragen werden, was einer Distanz von 342,150 km oder aber etwa der Entfernung von Köln nach Stuttgart entspricht.

Glücklicherweise hatten sich am Himmel wieder dunkle, graue Wolken zusammengezogen. Hitze kann ich nämlich sehr schlecht ertragen. Durch das rastlose Hämmern in den sechs Zylindern wird eine solche Wärme entwickelt, daß es in dem engen Cockpit kaum noch auszuhalten ist. Wenn dann noch die pralle Sommersonne die Luft über dem Asphalt zum Flimmern bringt, bin ich manchmal schon nach zwei, drei Runden derartig erschöpft, daß ich nur noch mit äußerster Willensanspannung der Versuchung widerstehen kann, einfach anzuhalten und auszusteigen. Der Schweiß läuft dann in Strömen an mir herunter und ich klebe mit der Fahrerkombination am Sitz fest. Deshalb war ich also recht froh, als gegen Mittag dunkle Wolken über die Eifel zogen.

Zwei Minuten vor dem Start ließ ich den Motor an und trat das Gaspedal voll durch, um die Maschine auf die richtige Temperatur zu bringen. Schräg rechts vor mir stand Juan Manuel Fangio mit der Startflagge in der Hand. Der fünffache Automobil-Weltmeister und unbestritten wohl beste Rennfahrer unserer Zeit, der auch heute noch, nachdem er vom aktiven Sport zurückgetreten ist, zu uns allen eine sehr herzliche Freundschaft unterhält, hatte es sich also nicht nehmen lassen, für zwei Tage zum Nürburgring zu kommen. Eben noch hatten wir uns begrüßt, und nun stand also der Argentinier mit der schwarz-rot-goldenen Startflagge auf »seinem« Ring, auf dem er Rennfahrer-Geschichte geschrieben hat. Neben Fangio guckte Rennleiter v. Diergard konzentriert auf die Stoppuhr in seiner Hand, um das Zeichen zum Senken der Flagge zu geben.

Plötzlich merkte ich, daß sich mein Wagen ganz langsam in Bewegung setzte und nach vorne wegzurollen begann.

Um Gottes Willen, das hatte mir gerade noch gefehlt!

Frühstarts werden mit sehr empfindlichen Strafen belegt. Aber ich konnte doch unmöglich die Kupplung festhalten, Vollgas geben und außerdem noch die Fußbremse treten.

Ich rappelte mich in meinem Sitz empor und winkte hinüber zu meinem Mechaniker Gert Gentsch, der an den Boxen wartete. Sein Versuch, den Kordon von Polizisten, die den Startplatz absperrten, zu durchbrechen, scheiterte jedoch. Zum Glück stand ein Ferrari-Mechaniker in der Nähe, der auch sofort hinzusprang, sein Taschentuch zusammenknüllte und vor den rechten Hinterreifen klemmte. Dies genügte, um den Wagen ruhigzustellen und es war außerdem auch sehr praktisch, da das leichte Tuch beim Anfahren ja keinerlei Hemmnis ist.

Noch waren es zwanzig Sekunden bis zum Start. Bereits als der Rennleiter zu Fangio hinüber das Zeichen zum Senken der Flagge gab, ließ ich die Kupplung zurückschnellen. Mit durchdrehenden Rädern sprang mein Ferrari nach vorn, direkt auf den Cooper von Brabham zu. Hätte ich nicht sofort das Gas wieder weggenommen, wäre ich ihm wahrscheinlich hinten aufgefahren, da er wesentlich langsamer vom Start wegkam. Dafür verlor ich aber nun Zeit, da mein Motor von 9000 auf 4000 Umdrehungen zurückfiel. In diesem niedrigen Drehzahlbereich hat er keine Kraft, und ich mußte wieder die Kupplung durchtreten, voll ins Gaspedal steigen und durch ruckartiges Loslassen des Kupplungspedals erneut in Reifenschlupf gehen. Dieses Durchdrehen der Räder ist erforderlich, um den Motor auf der hohen Drehzahl zu halten.

Inzwischen waren jedoch schon zehn, elf Wagen an mir vorbeigerauscht, und als die Spitze in die Südkehre einbog, klemmte ich mitten im Feld. Auf der Gegengeraden gelang es mir, mich an einigen vorbeizuschieben, und hinter Innes Ireland fegte ich dann in die Linkskurve, die zur Hatzenbach hinunter führt. Doch sooft ich mich auch mit meinem Ferrari neben ihn schob, meine Versuche, ihn zu überholen, blieben zunächst erfolglos.

Noch in der Hatzenbach schlug mein Wagen bei einem erneuten Überholversuch stark hinten weg, und ich konnte ihn nur durch ruckartiges Gegensteuern wieder richtig auf die Bahn bringen. Mehrfach noch sah ich auf der Strecke Ölspuren, besonders in der Südkehre, so daß wir dort immer zwei bis drei Sekunden verloren.

Beim Einbiegen in die letzte Hatzenbachkurve schoß ich plötzlich in eine dicke Staubwolke hinein. Hier mußte etwas passiert sein. Erst später erfuhr ich, daß Brabham mit seinem neuen Achtzylinder-Cooper, auf den große Hoffnungen gesetzt waren, an dieser Stelle aus der Bahn geflogen war. Zum Glück war Jack Brabham unverletzt geblieben, und noch vier Runden später lehnte er an dem Zuschauerzaun bei der Unfallstelle, hatte den Sturzhelm immer noch auf dem Kopf und sah dem Rennen zu, als könne er sein Pech immer noch nicht fassen.

Ganz dicht hinter dem Lotus von Ireland

liegend, fiel mir kurz vor der Quiddelbacher Höhe plötzlich auf, daß sich seine hintere Karosserie-Verkleidung an einer Stelle gelöst hatte und leicht schlug. In der nächsten Rechtskurve geschah es dann: Die Haube riß ab und wedelte über die Strecke auf mich zu. Auch wenn eine solche Karosserieverkleidung aus Kunststoff besteht, ist es doch recht gefährlich, wenn man sie bei einer solchen Geschwindigkeit vor die Räder bekommt. Zum Bremsen war es zu spät, denn dicht hinter mir folgten die Fahrer, die ich soeben in der Gegengeraden überholt hatte. Also verriß ich meinen Ferrari nach links, um dem Hindernis auszuweichen. Dabei kam ich bedrohlich ins Schleudern, aber es ging noch einmal gut. Am Ende der Runde hatte ich Innes Ireland überholt und lag nun unmittelbar hinter Hans Herrmann, Dan Gurney und Graham Hill. Dan Gurney wedelte mit seinem Wagen unablässig von der rechten auf die linke Seite, so daß es Graham Hill und mir bis zur Zielgeraden unmöglich war, ihn zu überholen. Dort kamen wir schließlich gleichzeitig an ihm vorbei, sodaß wir eine Zeitlang zu dritt nebeneinander fuhren. Kurz vor der Südkehre ließ ich das Gas einen Moment länger stehen als Hans Herrmann und zeigte ihm die Hinterräder. Als Graham Hill das gleiche versuchen wollte, touchierte er leicht den noch vor ihm liegenden Porsche, wurde bei dem Brems-Manöver von dem dicht nachfolgenden Dan Gurney gerammt und flog aus der Kurve. Unter einer Fontäne von aufspritzendem Sand und Staub landete er mit allen vier Rädern im Gras.

Als ich beim Einbiegen in die Gegengerade die Staubwolke sah, durchfuhr mich ein gehöriger Schrecken, denn eben war ich ja noch mitten in diesem Knäuel gewesen.

Zehn Minuten später, als ich wieder an dieser Stelle vorbeikam, hob ich mich etwas aus meinem Sitz empor und sah, daß nichts Schlimmes passiert sein konnte.

Vor mir lagen jetzt nur noch Stirling Moss und Phil Hill. Da ich nun freie Bahn hatte, konnte ich Runde für Runde wertvolle Sekunden aufholen. Durch meinen Freund, der auf der Rückseite der Boxen postiert war und mir genau meine jeweiligen Positionen durch den Maschendraht signalisierte, erfuhr ich, daß ich mich langsam meinem Kontrahenten Phil Hill näherte.

Der »Große Preis von Europa« war nun für mich vergessen. Ich fuhr nicht das bedeutendste und entscheidende Rennen der diesjährigen Weltmeisterschaft, bei dem ich im harten Kampf Meter um Meter gutgemacht hatte, sondern ich kurvte in gelöster Stimmung über die Strecke, hörte der immer wieder faszinierenden Melodie des Motors zu und freute mich, daß die Maschine einwandfrei lief. Wenn ich aus dem Tiergarten zum Start- und Zielplatz emporkletterte und zwischen der summenden Zuschauerwand auf der Tribüne und den geduckten Boxen hindurchschoß, brach sich das Heulen des dort mit Höchstdrehzahl arbeitenden Motors an den Menschenmauern und wurde dröhnend auf die Bahn zurückgeworfen.

Ein Blick hinüber zur Ferrari-Box, und schon steuerte ich auf die Südkehre zu. Auch dort flimmerten Tausende von Köpfen über den Absperrungen, aber gerade an diesem Sonntag mußten wir Rennfahrer unsere ganze Aufmerksamkeit der an dieser Stelle ölverschmierten Strecke zuwenden, um mit den quietschenden Reifen auf dem Asphalt zu bleiben.

Auf der Gegengeraden mußte ich blitzschnell die Zahlen und Zeiten erhaschen, die mir mein Freund signalisierte.

Dann bog ich in die Hatzenbach ein. Noch an zwei, drei Kurven dichte Menschen-Ansammlungen, dann waren wir Fahrer mit der Strecke allein. Nach einigen Waldkurven wurde es plötzlich wieder hell und wir fuhren mit Vollgas auf jenen berüchtigten Straßenbuckel zu, bei dem es einen immer für vier Meter und manchmal noch mehr in die Luft hebt. Diese sogenannte Flugplatz-Stelle muß mit peinlicher Sorgfalt im rechten Winkel angesteuert werden, denn der Wagen fliegt in ca. 60 cm Höhe über der Strecke, und jedes Fahrzeug, das bei dieser Geschwindigkeit nicht haargenau geradeaus segelt, endet unweigerlich im Grünen. Streckenwärter und von Zeit zu Zeit ein Fotograf sind danach die einzigen, die man am Rande stehen sieht.

Kurz vor dem Adenauer Forst erkenne ich für einen Sekundenbruchteil Monsieur Cahier, den bekannten französischen Automobilsport-Fotografen, dem ich mit der rechten Hand noch eben kurz zuwinken kann. Noch lange bevor ich zur Brücke in Breitscheid komme, fallen mir schon wieder die dichten Menschenballungen auf. Viele rufen oder winken mit Taschentüchern. So stark wie diesmal ist der Besucherzulauf lange nicht mehr gewesen. Camping-Zelte der Unentwegten, die auch das rauhe Eifelwetter nicht gescheut haben, huschen als bunte Farbkleckse vorüber.

In Breitscheid war die am Berg »hängende« Menschenmasse sechzig bis achtzig Meter hoch, im Bergwerk umgab mich dann wieder Stille. Nur vereinzelt stehen hier noch Wanderlustige, denen der weite Weg von Adenau aus nicht zu mühsam ist und die sich auch nicht daran stören, daß sie hier von keinem Strecken-Lautsprecher über das Rennen auf dem laufenden gehalten werden.

Das Karussell hat wohl wieder einen Besucher-Rekord zu verzeichnen. Die Wagen drehen hier in der ausgebauten Kurve bei einer Schräglage von 45 Grad, und wehe demjenigen, der dabei mit dem Vorderrad über den oberen Rand gerät. Brünnchen und Schwalbenschwanz sind die letzten Kulissen in dem sich fünfzehnmal wiederholenden und doch immer wieder neuen Runden-Schauspiel.

Bisweilen treffe ich auf einen Rennfahrer-Kollegen, der schon am Anfang Pech mit seinem Wagen hatte und nun überrundet wird. Ich wünschte, im Straßenverkehr herrschte die gleiche Fairneß und Sportlichkeit, die auf der Rennstrecke der langsamere Fahrer dem schnelleren Kollegen entgegenbringt. Kaum sieht er im Rückspiegel den nachfolgenden Konkurrenten, der zum Überholen ansetzt, schwenkt er auch schon auf die rechte Fahrbahnseite, um ihn vorbei zu lassen. So kommt es auch, daß unser Interesse, besonders wenn wir im Pulk fahren, mehr dem Rückspiegel als der Strecke vor uns, die wir ja sowieso kennen, gilt.

In der achten Runde tauchte endlich vor mir das Heck des roten Ferraris auf: Ich hatte zu Phil Hill aufgeschlossen. Immer an seinen Hinterrädern hängend, hetzte ich ihn von Kurve zu Kurve bis zur Zielgeraden, wo es mir gelang, mich aus seinem Windschatten heraus an ihm vorbei zu saugen.

Nun lag ich an zweiter Stelle, doch bereits in der Südkehre tauchte der zigarrenförmige Kühler von Phils Ferrari wieder neben meinem Fahrersitz auf und schob sich langsam vorbei. In der Gegengeraden machte ich diesen Zwischenerfolg wieder wett und setzte mich erneut vor Phil. Nach einigen Kilometern wurde dann der rote Punkt in meinem Rückspiegel plötzlich kleiner und kleiner, bis er schließlich ganz verschwand. Phil Hill war zurückgefallen.

Von diesem Zeitpunkt an, es war in der zwölften Runde, wurde ich auch langsamer. Zum einen war ich von dem Wagen-an-Wagen-Kampf mit Phil Hill erschöpft, zum anderen aber rechnete ich mir aus, daß ich in jeder der noch zu fahrenden drei Runden vier Sekunden gegenüber Moss aufholen müßte, um ihn überhaupt zu erreichen. Das schien mir aber unmöglich zu sein. Und sollte es doch gelingen, an Moss heranzukommen, würde der vierfache Vize-Weltmeister sich mit Sicherheit noch mehr ins Zeug legen, um mich wieder abzuhängen. Außer seinem unbestrittenen Fahrertalent kam Moss nämlich noch die Tatsache zugute, daß unsere Ferraris mit einem zu kurzen ersten und einem zu langen zweiten Gang ausgerüstet sind, weshalb sie aus verhältnismäßig langsamen Kurven – wie dem Adenauer Forst und dem Karussell – ausgesprochen schlecht herausziehen. Meinen wiederholt unterbreiteten Vorschlägen, unsere Wagen für den Nürburgring mit einem längeren ersten oder kürzeren zweiten Gang auszustatten, blieb bislang jedes Gehör versagt. Die Tatsache, daß die Ferraris auf Schnellstrecken dem Lotus überlegen sind, weil sie eine höhere PS-Leistung aufweisen, ist für den Ring nahezu ohne Bedeutung. Das Auf und Ab der Eifelstrecke ist wie für Stirling Moss geschaffen, oder anders gesagt: Der 31jährige Engländer, der bereits dreimal das 1000-km-Rennen auf dem Nürburgring gewann, ist für diese Piste geboren. Auch wenn ihn, wie es des öfteren vorgekommen ist, sein Wagen im Stich läßt, holt er doch das aus dem Rennen heraus, was sich eben noch herausholen läßt.

Obwohl Stirling Moss im Training bereits eine schnelle Zeit gefahren war, hatten wir doch alle nicht so sehr auf ihn geachtet, sondern uns mehr von Brabhams neuem Achtzylinder düpieren lassen, der ja dann bereits in der ersten Runde ausfiel.

An Start und Ziel konnte ich sehen, daß Moss, der gerade auf der Gegengeraden ankam, seinen Vorsprung wieder um einige Meter vergrößert hatte. Wenn man alleine auf der Strecke ist, verliert man sehr leicht das Gefühl für die wirkliche Schnelligkeit und dabei kann es vorkommen, daß man zu sehr ins Bummeln gerät. Im Bergwerk schoß plötzlich Phil Hill, an den ich schon gar nicht mehr gedacht hatte, an mir vorbei. Ich war zunächst so überrascht, daß ich erst einmal einen Moment brauchte, bis ich mich an seine Fersen heften und ihn jagen konnte.

So rasten wir Wagen an Wagen in die letzte Runde, als ein feiner Sprühregen einsetzte. Dieser bildete mit dem Öl, Reifenabrieb und Sand auf der Strecke eine wahre Schmierseife, so daß wir nahezu in jeder Kurve querstanden. Besonders durch die Bergwerks-Kurve ruderten wir beide, gefährlich dicht beieinander, völlig quer bergan.

Und dann kam das Kuriose dieses Rennens:

Phil und ich liegen Wagen an Wagen hintereinander, so daß Phils Hinterräder einen feinen Wasserschleier gegen meine Windschutzscheibe sprühen. Er weiß genau so gut wie ich, daß derjenige von uns beiden, der zuerst in die Zielgerade einfährt, das Rennen verlieren muß, weil sich der andere dann aus dem Windschatten heraus an seinem Gegner vorbeisaugen kann. Sieger wird also nicht der Schnellere, sondern widersprüchlicherweise der in diesem Moment Langsamere von uns beiden sein.

Am Galgenkopf zieht Phil seinen Wagen plötzlich nach rechts und bremst scharf ab, so daß ich an ihm vorbei muß, wenn ich ihn nicht rammen will. Darauf nehme ich das Gas weg und lasse ihn wieder überholen. Schon als sich seine Vorderräder neben meinem Fahrersitz drehen, bremst er erneut und wir schauen einander an. Aus seinem Gesichtsausdruck lese ich, daß er sich in absoluter Hochspannung befindet. Wie zwei Gladiatoren belauern wir uns gegenseitig, jeder sucht nach einer Schwäche des anderen. Dabei werden unsere Wagen immer langsamer. Mit 60, 70 km/h rollen wir nebeneinander her, und es ist tatsächlich einer glücklichen Fügung zu verdanken, daß wir nicht ganz stehenbleiben.

Da biegen wir schon in die Gerade ein. Phil verlangsamt sein Tempo nochmals, ich schiebe mich langsam an ihm vorbei, um gleich darauf ebenfalls in die Bremse zu steigen und ihn zum Überholen zu zwingen. Als er dann wieder den Wagen nach rechts verzieht und noch einmal langsamer wird, versuche ich es mit einem Trick. Unvermittelt jage ich den Motor hoch und presche mit Vollgas an Phil vorbei in der Hoffnung, ihn vielleicht ganz abhängen zu können. Phil fällt zwar etwa 50 Meter zurück, aber diese geringe Entfernung hätte ihn nicht daran gehindert, mich oben auf der Zielgeraden zu überholen.

Einen Moment zögere ich, wiege ihn in Sicherheit, lasse ihn denken: »Aha, der Trips fährt durch«, bringe meine Maschine im dritten Gang auf 9800 Touren. Das ist das Höchste, was ich jemals gedreht habe, normalerweise schalte ich schon bei 9500 Touren.

In diesem Moment nehme ich das Gas kurz weg und lasse den Motor auf 8300 Touren abfallen, um dann, wenn Phil an mir vorbeigeht, die ganze Kraft des Motors zur Verfügung zu haben.

Erwartungsgemäß jagt Phil heran und versucht nun seinerseits mich abzuhängen. Kaum ist er an mir vorbei, da heult mein Ferrari in Sekundenschnelle wieder bis auf 9800 Touren hinaus. Ich schalte in den vierten Gang, trete das Gaspedal bis zum Anschlag durch, komme auf die gleiche Drehzahl, bin jetzt ganz dicht an Phil heran, schalte in den fünften Gang und sauge mich in seinem Windschatten auch im letzten Gang auf 9800 Touren. Das war das Schnellste, was ich jemals auf dem Nürburgring gefahren bin.

Kurz vor der Antoniusbuche schieße ich dann an ihm vorbei und jage zum Tiergarten hinaus, mitten in eine Wand von Wasser hinein, die wolkenbruchartig vom Himmel herabstürzte. Der Tiergarten ist bei Regen die wohl unangenehmste Strecke des ganzen Nürburgrings. Der Belag ist an dieser Stelle sehr alt und derartig mit Öl und Reifenabrieb vollgesogen, daß dort jedes Auto bei Nässe »Schlittschuh« läuft. Schon geht es bei mir los, der Wagen schwimmt auf die Hecke zu. Seltsamerweise saust das Auto aber nicht geradewegs zur Böschung hin, sondern treibt langsam, aber unaufhaltsam, bei 250 km/h, quer zum Straßenrand ab. Ich rudere machtlos mit dem Steuer und versuche, den Ferrari auf der Strecke zu halten.

Aussichtslos!

Mich durchzuckt nur noch ein Gedanke: Jetzt fliegst du raus! Schon peitschen die ersten Zweige gegen die Karosserie, der rechte Vorderreifen faßt Gras, vielleicht vier, fünf Zentimeter. Da wird der Wagen wie von Geisterhand herumgestoßen und rutscht schräg über den Asphalt auf den gegenüberliegenden Straßenrand zu. Dort wiederholt sich dasselbe Manöver. Wie ein Slalomläufer treibe ich bei Höchstgeschwindigkeit auf den Dunlop-Turm zu und schlittere durchs Ziel:

ZWEITER PLATZ!!!

Phil Hill hat mir hinterher erzählt, daß er sich zunächst ganz auf das Heck meines Wagens konzentriert hatte und völlig unvorbereitet in den Wolkenbruch hineinfuhr, dann eine etwas zu heftige Steuerbewegung machte, ins Schwimmen kam und den halben Tiergarten hochrutschte.

Es muß wie ein Wunder anmuten, daß wir beide diese Situation heil überstanden haben.

Bei prasselndem Regen fuhren wir beide an die Boxen. Von allen Seiten eilten Leute herbei, um zu gratulieren. Überglücklich sprang ich aus dem Wagen: Das Rennen war erfolgreich überstanden.

Es kam ja nicht so sehr darauf an, den ersten Platz zu belegen als vielmehr, vor Phil Hill das Ziel zu erreichen. So froh ich aber auch über diesen Erfolg war, tat mir doch Phil etwas leid, weil er zunächst ganz geknickt war, daß diese beiderseitige Spitzbüberei nicht zu seinen Gunsten verlaufen war.«

Das »Rennprotokoll« des außergewöhnlichen Rennens in Stichworten:

Vor 300000 bis 350000 Zuschauern, einer vorher und später nie mehr erreichten Kulisse, entwickeln sich spannende Positionskämpfe. Joakim Bonnier erleidet in der ersten Runde einen Hinterreifen-Defekt. Bis zur 3. Runde fährt Stirling Moss einen Vorsprung von 14,3 Sekunden heraus. In der 4. Runde scheidet Wolfgang Seidel aus. Ab der 6. Runde fallen die Rekorde:

Graf Trips fährt 9:08,1 Minuten, unterbietet diese Zeit in der 7. Runde mit 9:04,3 Minuten und ist damit der erste Fahrer, der auf dem Nürburgring die 150,8 km/h-Marke überschreitet.

Tony Brooks scheidet in der 7. Runde mit Motordefekt aus. In der 8. Runde Jubel an Start und Ziel, als es Graf Trips gelingt,

Phil Hill zu überholen und sich hinter Stirling Moss auf die zweite Position zu schieben.

Stirling Moss kontert mit einem neuen Rundenrekord: 9:02,8 Minuten. In der 9. Runde setzt Graf Trips noch eines drauf: 9:01,1 Minuten verkürzen den Abstand zu Moss auf 9,4 Sekunden.

In der 10. Runde bleibt Graf Trips als erster Pilot im Rennen mit 8:59,9 unter der 9-Minuten-Grenze. Phil Hill legt noch einmal zu und schafft in der gleichen Runde 8:57,8 Minuten.

Die immer neuen Rekordzeiten der Ferrari-Fahrer ändern nichts am Sieg des Lotus-Fahrers Stirling Moss, für den die Uhren im Ziel 2:18:12,4 Stunden (148,6 km/h) anzeigen. Graf Trips benötigt als Zweiter 2:18:33,8 Stunden (148,3 km/h) und für Phil Hill werden 2:18:34,9 Stunden gestoppt. Vierter wird Jim Clark (Lotus) nach 2:19:29,5 vor John Surtees auf einem Cooper (2:20:06,6) und Porsche-Fahrer Dan Gurney (2:21:35,0).

Für Wolfgang Graf Berghe von Trips ist sein Wunschtraum, einmal mit Stirling Moss unter einem Siegerkranz zu stehen, in Erfüllung gegangen.

Durch den 2. Platz vergrößert er seinen Vorsprung in der WM-Wertung.

Bei nunmehr 33 Punkten aus fünf beendeten Rennen wird er Weltmeister,

1. wenn er den »Großen Preis von Italien« in Monza oder den danach folgenden »Grand Prix der USA« gewinnt,

2. wenn er in beiden Rennen vor Phil Hill und Stirling Moss plaziert ist, auch wenn ein vierter Fahrer gewinnt.

Zu allen Fahrerkollegen hatte Wolfgang Graf Berghe von Trips ein gutes und kollegiales, um nicht zu sagen freundschaftliches Verhältnis.

Victor Rolff, den er 1954 kennenlernte und mit dem ihn seitdem eine große Freundschaft verband, hatte aus dem BMW-Motorrad-Fan Wolfgang Graf Berghe von Trips einen Porsche-Rennfahrer »gemacht«, der auf Anhieb Deutscher Meister in seiner Klasse wurde (siehe Bild). Rolff, ebenfalls Deutscher Meister und eines der größten und hoffnungsvollsten Talente, zog sich auf Drängen seiner Großmutter, die nach dem frühen Tod der Eltern das Familienimperium leitete, schweren Herzens schon bald vom aktiven Rennsport zurück, um die Leitung des Großunternehmens zu übernehmen. Joakim Bonnier, den Graf Trips 1955 in Schweden kennengelernt hatte, wurde von ihm zum Avus-Rennen 1956 nach Berlin eingeladen. Graf Trips verhalf dem Schweden zu einem Rennfahrzeug und verschaffte ihm weitere Startmöglichkeiten in Deutschland. Als Bonniers Trauzeuge auch im großen Familienkreis des Schweden immer gerne gesehen, nahm Trips beim Monza-Rennen 1961 den Porsche-Fahrer beim Training in den Windschatten seines Ferrari, um ihm einen guten Startplatz zu ermöglichen.

Selbst als Wolfgang von Trips in der Saison 1961 die Weltmeisterschafts-Wertung anführte, bezeichnete er Stirling Moss als den weltbesten Fahrer. Mit Phil Hill, Ferrari-Stallgefährte und härtester Konkurrent auf dem Weg zur Weltmeisterschaft, lieferte er sich harte, aber immer faire Duelle auf den Rennstrecken; die persönliche Freundschaft und Wertschätzung litt nie darunter.

Mit Peter Collins verband ihn ein ganz herzliches Verhältnis. Collins und Trips hatten es 1956 im Gegensatz zu allen anderen Ferrari-Fahrern, die das Flugzeug benutzten, vorgezogen, mit dem Schiff nach Argentinien zu reisen.

Auf der langen Überfahrt entwickelte sich eine große Freundschaft, die letztlich dazu führte, daß Peter Collins dem Ferrari-Neuling nicht nur gute Trainings-Tips gab, sondern ihm auch während des Rennens seinen Ferrari überließ, so daß Graf Trips zu seinem ersten Formel-1-Renneinsatz kam.

Mit dem Marquis de Portago verbanden ihn viele weltanschauliche Gemeinsamkeiten. Die beiden führten stunden-, ja nächtelange Gespräche über Gott und die Welt.

Ein Mann beeindruckte Graf Wolfgang aber am nachhaltigsten: Juan Manuel Fangio, der nach Wolfgangs eigener Aussage »in meiner Entwicklung als Rennfahrer eine große Rolle gespielt hat«. Graf Trips im Februar 1961 über den Argentinier:

»Als ich 1955 das erstemal in meinem Leben in einem schweren Rennsportwagen gesessen habe, war das in Irland bei der Tourist Trophy im Mercerdes-Team. Wegen der Bedeutung des Rennens hatte niemand Zeit für den Nachwuchs-Fahrer Trips, der, hin- und hergestoßen und kommandiert, pflichtgetreu seine Trainingsrunden absolvierte. Kein Wort der Anerkennung über eine schnelle Runde, kein Ratschlag, kein aufmunterndes Wort.

Nur einer hatte Zeit, mit mir zu sprechen, und das war Fangio! Wir hatten keine gemeinsame Sprache, doch seine kameradschaftliche Fürsorge für den Neuling sprach aus jeder Geste und aus jedem mir nur halb verständlichen Wort.

Ich habe das nie, auch in späteren Jahren, als ich fester im Sattel saß und meinen eigenen Weg gefunden hatte, vergessen. Ich glaube, das Andenken an den großen Menschen und Rennfahrer Fangio nicht besser tragen und bewahren zu können als in dem Versuch, ihm in jeder Form nachzueifern.«

Monza
10. September 1961

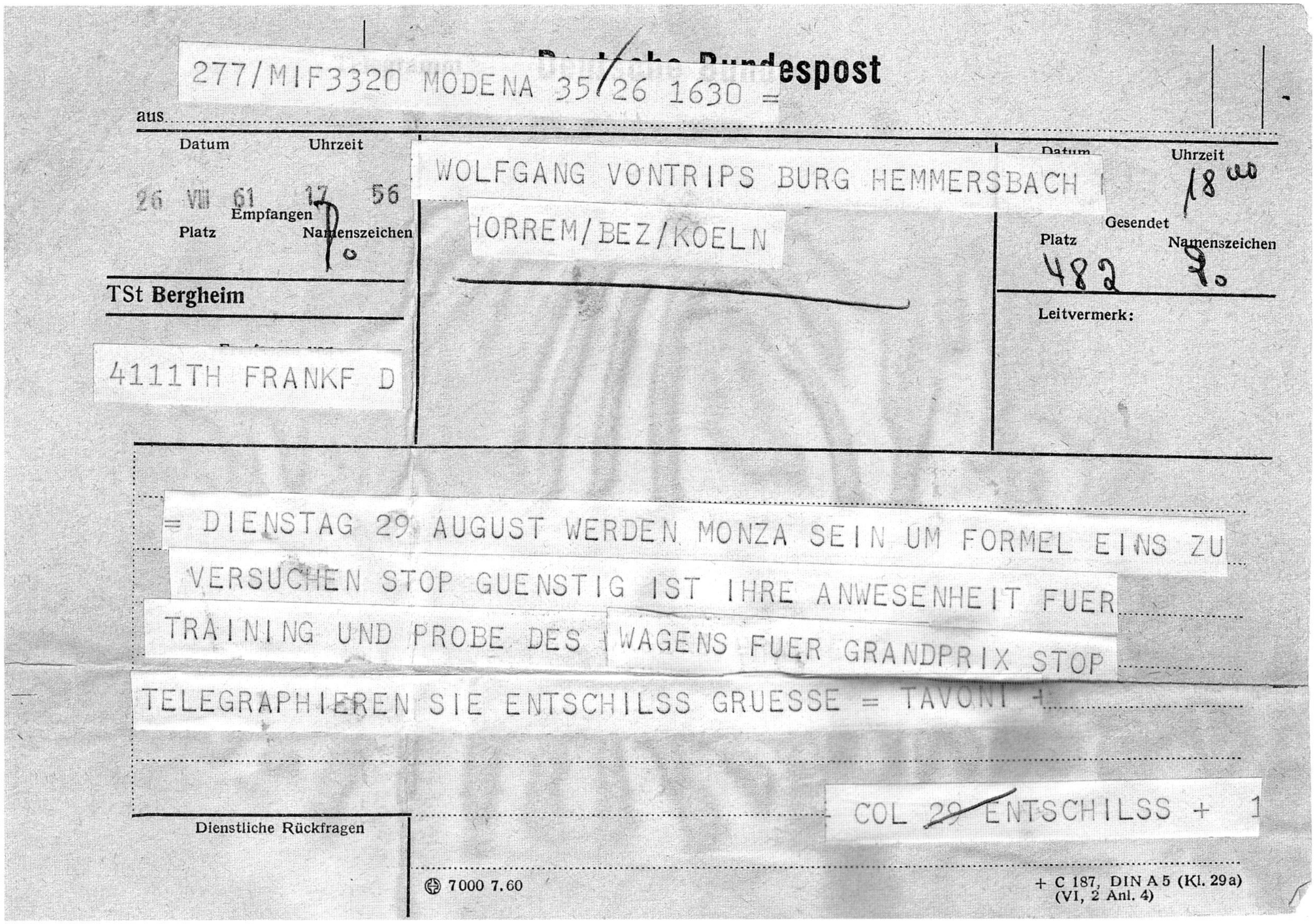

Deutsche Bundespost

aus 277/MIF3320 MODENA 35/26 1630 =

Datum Uhrzeit
26 VIII 61 17 56
Empfangen
Platz Namenszeichen

TSt Bergheim

4111TH FRANKF D

WOLFGANG VONTRIPS BURG HEMMERSBACH
HORREM/BEZ/KOELN

Datum Uhrzeit 18⁰⁰
Gesendet
Platz Namenszeichen
482

Leitvermerk:

= DIENSTAG 29 AUGUST WERDEN MONZA SEIN UM FORMEL EINS ZU VERSUCHEN STOP GUENSTIG IST IHRE ANWESENHEIT FUER TRAINING UND PROBE DES WAGENS FUER GRANDPRIX STOP TELEGRAPHIEREN SIE ENTSCHILSS GRUESSE = TAVONI +

COL 29 ENTSCHILSS + 1

Dienstliche Rückfragen

7000 7.60

+ C 187, DIN A 5 (Kl. 29a) (VI, 2 Anl. 4)

Grosser Preis von Italien

Der heutige Tag ist – so oder so – ein ganz besonderer: Vor genau fünf Jahren, am 10. September 1956, hat Enzo Ferrari Wolfgang Graf Berghe von Trips als ersten deutschen Fahrer in seinen weltberühmten Rennstall aufgenommen. Wie wäre ein solch »kleines Jubiläum« besser zu feiern als auf einem Ferrari die Weltmeisterschaft zu gewinnen?! Kaum jemand zweifelt daran, daß es Wolfgang Graf Berghe von Trips gelingen wird.

»**W**olfgang, laß Dich nach dem Start nicht in Positionskämpfe ein. Bleib weg vom Pulk, sieh zu, wie sich das Rennen entwickelt. Es geht um 43 Runden und 432 Kilometer. Schalte am Anfang ganz auf piano.«

Letzte Ratschläge von Herbert Wilhelm Schmitz, Sportsekretär des Automobilclubs von Deutschland. Die Worte gelten Wolfgang Graf Berghe von Trips kurz vor dem Start des Rennens auf dem 10,4 Kilometer langen kombinierten Straßen- und Hochgeschwindigkeitskurs im Park von Monza.

Um 15 Uhr senkt Lord Earl Howe, Präsident des Königlich Englischen Automobilclubs (R.A.C.) die Startflagge. Wolfgang von Trips startet als Trainingsschnellster (2:46,3 Minuten) auf dem Werks-Ferrari Tipo 156 mit der Startnummer 4 nicht besonders gut. Phil Hill (Ferrari) übernimmt aus der zweiten Startreihe die Führung vor seinen Teamgefährten Richie Ginther und Ricardo Rodriguez, Jim Clark (Lotus) und Graham Hill (B.R.M.) folgen auf den Plätzen. Nach der ersten Runde heißt die Reihenfolge Phil Hill, Ginther, Rodriguez, Clark, Brabham, von Trips, Baghetti, Bonnier, Trintignant, Moss, Surtees und Graham Hill.

Im zweiten Durchgang, in der Anfahrt von der Curva Grande zur Curva della Roggia und zu den Lesmo-Kurven, bleibt die Reihenfolge unverändert: Vorn das Ferrari-Führungstrio, dann Clark vor Jack Brabham (Cooper); Graf Trips folgt in sechster Position vor Gian Carlo Baghetti mit dem fünften Werks-Ferrari und Joakim Bonnier (Porsche).

Die Spitzengruppe mit Phil Hill, Ginther und Rodriguez fährt die Curva Lesmo 2 an. Zwischen der ersten und der zweiten Lesmo-Kurve überholt Trips den Cooper von Brabham, ausgangs der zweiten Lesmo-Kurve auch den Schotten Clark. Nach der Curva del Vialone, jener Linkskurve, in der Alberto Ascari 1955 tödlich verunglückte, nähert sich der Führungspulk mit Phil Hill, Ginther und Rodriguez der Curvetta, der 180-Grad-Kehre von Vedano. Wolfgang von Trips, jetzt an vierter Stelle, durchfährt mit etwa 240 Stundenkilometern die Vialone-Kurve und lenkt seinen roten Ferrari in die Rettilineo Centrale, die Gerade zur Curvetta, ein.

An der Geraden, die die Curva del Vialone mit der Curvetta (früher auch Curva Sud genannt) verbindet, sind beiderseits der Strecke Erdwälle aufgeschüttet. Hier verfolgen die Zuschauer hinter Drahtzäunen das Rennen. Wall und Rennstrecke trennt ein mit Gras bewachsener Streifen. Links versetzt hinter dem Ferrari von Trips folgt der Lotus von Clark. Etwa 250 Meter vor dem Einlauf zur Curvetta verlangsamt Trips seine Fahrt. Clark, dessen Lotus noch einen Geschwindigkeitsüberschuß hat, will gerade zum Überholen ansetzen. In diesem Augenblick zieht der deutsche Ferrari-Pilot seinen Wagen nach links, sehr wahrscheinlich, um auf die Anbrems-Ideallinie der Curvetta zu kommen. Beide Fahrzeuge kollidieren. Die Rudge-Zentralverschlußmutter des linken Ferrari-Hinterrades berührt das rechte Vorderrad des Lotus. Der Ferrari stellt sich quer, prallt gegen den Lotus, rast die nahe Böschung hinauf in den Drahtzaun und schleudert auf die Fahrbahn zurück. Dabei hat der Wagen – sich in der Luft um die Längsachse überschlagend – die dicht gedrängt am Zaun stehenden Zuschauer zweimal getroffen.

Wolfgang von Trips stürzt aus dem Wagen, schlägt am Streckenrand auf und ist sofort tot.

Mit ihm sterben elf Zuschauer, vier weitere Rennsportfans erliegen später im Krankenhaus ihren schweren Verletzungen.

Clarks Wagen dreht sich mehrfach neben der Bahn, der schottische Lotus-Pilot kommt mit dem Schrecken davon. Kreidebleich schildert er den Unfallhergang: »Trips fuhr vor mir mitten auf der Strecke. Er wurde plötzlich langsamer. Da mein Lotus jedoch noch höher drehte, setzte ich zum Überholen an. In diesem Augenblick zog der Ferrari überraschend nach links –

eine Kollision war nicht mehr zu vermeiden...«

Rund zwei Stunden nach dem Tod des deutschen Fahrers hat Phil Hill den Großen Preis von Italien vor Dan Gurney (Porsche), Bruce McLaren (Cooper), Jack Lewis (Cooper), Tony Brooks (B.R.M.) und Roy Salvadori (Cooper) gewonnen.

Der Sieg in Monza bedeutet für den Amerikaner den Gewinn der Formel-1-Weltmeisterschaft 1961. Hill, der es auf 34 WM-Punkte brachte, unmittelbar nach der Siegerehrung: »Ich wollte gewinnen, aber nicht um diesen Preis.«

Wolfgang Graf Berghe von Trips wird Vize-Weltmeister mit 33 Punkten. Der Punktestand nach Monza: Stirling Moss (Lotus) 21 Punkte, Richie Ginther (Ferrari) 16 Punkte, Dan Gurney (Porsche) 15 Punkte, Jim Clark (Lotus) 11 Punkte, Gian Carlo Baghetti (Ferrari) 9 Punkte, Bruce McLaren (Cooper-Climax) 8 Punkte, Jack Brabham (Cooper-Climax) und John Surtees (Cooper-Climax) je 4 Punkte, Olivier Gendebien (Ferrari), Jack Lewis (Cooper-Climax) und Innes Ireland (Lotus) je 3 Punkte, Joakim Bonnier (Porsche), Roy Salvadori (Cooper-Climax) und Tony Brooks (B.R.M.) je 2 Punkte und Graham Hill (B.R.M.) 1 Punkt.

Das Ausmaß des Dramas wird langsam sichtbar. Graf Trips liegt leblos neben der Strecke, ein erster Helfer eilt herbei. Das Ferrari-Wrack ist mitten auf der Piste zum Stillstand gekommen; rechts Jim Clarks Lotus.

52

Graf Trips ist tot, sein Leichnam wird fortgetragen. Während das Rennen weiterläuft, bemüht man sich, die Trümmer von der Strecke zu zerren. Von den Umstehenden kaum bemerkt, hat Trips' sich überschlagender Ferrari elf Zuschauer mit in den Tod gerissen, vier weitere erliegen wenig später ihren Verletzungen.

Sportler des Jahres 1961
Baden-Baden, 16. Dezember 1961

In Anwesenheit zahlreicher prominenter deutscher Sportler wurde in einer Feierstunde in Baden-Baden der »Sportler des Jahres 1961« proklamiert.

In der von der Internationalen Sport-Korrespondenz bereits zum 15. Mal nach dem Kriege durchgeführten Umfrage unter den deutschen Sportjournalisten erhielt der tödlich verunglückte Horremer Rennfahrer Wolfgang Graf Berghe von Trips die meisten Stimmen.

Als »einer unserer besten Vertreter des deutschen Sports im Ausland« wählte ihn die deutsche Sportpresse zum »Sportler des Jahres 1961«.

Graf Trips erhielt 1193 Stimmen. Mit nur elf Stimmen weniger kam der Kölner Sprint-Europameister Manfred Germar auf den zweiten Platz. Dritte und somit »Sportlerin des Jahres 1961« wurde die Augsburger Fecht-Olympiasiegerin Heidi Schmid.

Eine unübersehbare Menschenmenge säumt die Hauptstraße in Horrem, als ein langer Trauerzug von Burg Hemmersbach in strömendem Regen zum Waldfriedhof Hemmersbach zieht. Im Schatten der historischen Clemens-Kirche, in der Trips'schen Familiengruft, findet Graf Wolfgang seine letzte Ruhe. Rennfahrerkollegen aus aller Welt, die bei der zuvor auf Burg Hemmersbach stattgefundenen Trauerfeier die Totenwache hielten, gehen neben dem von Gert Gentsch gesteuerten Ferrari des verstorbenen Grafen, auf dem der Sarg mitgeführt wird.

In vielen Trauerreden wird deutlich, welch großer Wertschätzung sich Graf Trips erfreute und welche Lücke sein jäher Tod hinterläßt.

So manche salbungsvoll gesprochenen Worte haben allerdings keine Spuren hinterlassen. Seine Freunde jedoch, die Trauer, Schmerz und Ergriffenheit nicht öffentlich zur Schau trugen und deren Tränen sich mit dem Regen vermischten, haben ihn bis heute nicht vergessen.

Am 12. März 1971 finden Eduard Reichsgraf Berghe von Trips und am 29. Juni 1978 Thessa Reichsgräfin Berghe von Trips an der Seite ihres Sohnes ihre letzte Ruhestätte in der Familiengruft. Ein in Stein gemeißeltes Familienwappen ziert deren spitzwinkligen Giebel.

Das ständige Blumenmeer und der in eine schlichte Marmortafel eingelassene Text

WOLFGANG ALEXANDER
REICHSGRAF BERGHE V. TRIPS
*04. MAI 1928
†10. SEPTEMBER 1961
TÖDLICH VERUNGLÜCKT IN MONZA

lassen viele Besucher andächtig verweilen.

Trauer um
Wolfgang Graf Berghe
von Trips
Horrem, 14. 09. 1961

IN MORTE VITA

✝

Gedenket im Gebete
des in Gott ruhenden

Wolfgang
Reichsgraf Berghe von Trips

den Gott in seiner uns unfaßbaren Weisheit und Güte auf der Höhe seines Lebens im Alter von 33 Jahren in seine ewige Heimat zu sich rief.

Graf Wolfgang wurde am 4. Mai 1928 in Köln geboren. Auf Burg Hemmersbach, dem Stammsitz seiner Vorfahren, verlebte er unter der sorgenden Obhut seiner Eltern eine glückliche Jugend. Dem Besuch der höheren Schule schloß sich ein landwirtschaftliches Studium an, das er mit Diplom abschloß. Seine Ausbildung führte ihn schließlich für einige Zeit als Volontär an eine Münchener Bank.

Mit dem Adel seiner Geburt verband sich eine wahrhaft ritterliche und vornehme Gesinnung, die ihn zu einem bescheidenen, hilfsbereiten und überaus liebenswerten Menschen machte. Seine Eltern verlieren in ihm das so sehr geliebte, einzige Kind, und die vielen, die ihm nahe standen, vermissen schmerzlich den teuren und herzlichen Freund und das große sportliche Vorbild.

Schon in frühen Jahren galt dem Sport seine besondere Liebe. Der Motorsport war seinem begeisterten Herzen ein Ort ritterlichen Wettkampfes. Große Erfolge kennzeichnen seinen Weg: 1954 wurde Wolfgang Trips Deutscher Sportwagenmeister und 1958 errang er die Europa-Bergmeisterschaft. Nach einem steilen Aufstieg im Grand-Prix-Sport sah er das Ziel seiner sportlichen Wünsche vor sich liegen. Die Weltmeisterschaft in greifbarer Nähe fand er nach Gottes unerforschlichem Ratschluß durch einen tragischen Unfall am 10. Sept. 1961 in Monza den Tod.

Wolfgang Graf Berghe von Trips wurde weit über den Kreis seiner Heimat und seines Vaterlandes nicht nur durch größte sportliche Erfolge bekannt, sondern mehr noch durch die Freude, Güte und Hochherzigkeit, die er ausstrahlte, in aller Welt geschätzt und bewundert. Mit ihm verläßt uns ein tapferer Mensch, dessen ganzes Wesen von unbesiegbarem Optimismus geprägt und von einem strahlenden Idealismus beseelt war.

Möge Gott der Herr, der ihn so früh aus unserer Mitte zu sich nahm, ihm nun den unvergänglichen Siegeskranz des ewigen Lebens schenken.

Scuderia Colonia
Köln, 13. Januar 1960

Ende der 50er, Anfang der 60er Jahre befand sich der Motorsport in Deutschland in einem entscheidenden Umbruch: weg von einer gelegentlichen Freizeitbeschäftigung eines mehr oder weniger elitären Kreises von »Herrenfahrern«, hin zum Breitensport.

Der aktivere Teil der Motorsportler erkannte damals die Notwendigkeit eines Zusammenschlusses der Fahrer zur Wahrung ihrer Interessen gegenüber Veranstaltern und Sportbehörden. Führende Köpfe dieser Bewegung waren Richard von Frankenberg und Wolfgang Graf Berghe von Trips.

Nachdem bereits am 15. März 1958 in Frankfurt/Main der Deutsche Sportfahrerkreis DSK als überregionale Vereinigung in diesem Sinne gegründet worden war, wurde am 13. Januar 1961 in Köln unter Führung von Wolfgang Graf Berghe von Trips die SCUDERIA COLONIA gegründet, in der sich ein Kreis aktiver Fahrer aus dem rheinisch-bergischen Raum zusammenfand.

Die SCUDERIA COLONIA sollte nach dem Gedanken ihres Gründers in erster Linie den Nachwuchs für die damalige Formel Junior heranbilden und fördern sowie die Industrie zur Unterstützung veranlassen.

Der zunehmenden Bedeutung des Tourenwagensports trug die SCUDERIA COLONIA Rechnung, indem zu Beginn des Jahres 1961 durch Vermittlung von Graf Berghe von Trips fünf BMW 700 Sport Coupes zu Sonderkonditionen im Werk bestellt wurden, von dort nach Anhang J des Sportgesetzes ausgerüstet. Mit diesen Fahrzeugen hatten die Fahrer der SCUDERIA COLONIA gute Erfolge. Unter Leitung von Graf Trips nahm die SCUDERIA COLONIA einen großen Aufschwung. Fahrer wie Gerhard Koch, Wolfgang Seidel, Hans-August Stausberg, Helmut Felder, Willi Deutsch, Hubert Hahne und Rolf Stommelen – viele von ihnen Deutsche Meister – rechneten es sich zur Ehre, Mitglied der SCUDERIA COLONIA zu sein.

Der jähe Tod seines Präsidenten Wolfgang Graf Berghe von Trips am 10. September 1961 in Monza/Italien war für den Club ein kaum zu überwindender Verlust. Nach und nach zogen sich nun auch seine Weggefährten vom aktiven Sport zurück.

Ein wichtiges Element des Clublebens wurden jetzt eigene Veranstaltungen. So entwickelte sich der Slalom der SCUDERIA COLONIA zu einem beachteten Motorsportereignis im Kölner Raum, dessen Durchführung aber übermäßige Behördenauflagen in den letzten Jahren verhinderten.

Ende der 70er Jahre waren dann durch neue Mitglieder die Farben der SCUDERIA COLONIA auch wieder im Formelrennsport vertreten. Der mehrmalige Clubmeister Karl Pathe trug sich mit seinem Formel Ford in die Siegerliste von Rundstreckenrennen ein. Willi Hüsgen und Wolfgang Simon maßen sich in der Formel 3 mit späteren Formel-1-Fahrern.

Die Söhne des Gründungsmitglieds Helmut Felder, Axel und Jochen, setzten in den 80er Jahren im Langstreckenrennsport mit Tourenwagen Maßstäbe. Höhepunkte waren u. a. ein Klassensieg beim 1000-km-Rennen und zwei aufeinanderfolgende Gesamtsiege beim 24-Stunden-Rennen auf dem Nürburgring.

Der Club mußte 1987 wieder einen schmerzlichen Verlust hinnehmen. Als am Ende der Saison der Clubmeister geehrt werden sollte – Axel Felder war es zum 8. Mal in ununterbrochener Folge geworden und hatte damit einen Rekord aufgestellt, der wohl noch lange Bestand haben wird – konnte diese Ehrung nur noch posthum erfolgen: Am 15. Oktober 1987 war Axel Felder bei einem Flugzeugabsturz in Como/Italien ums Leben gekommen.

Die SCUDERIA COLONIA, seit 1988 unter der Präsidentschaft von Winfried Hartmann, sieht sich als das lebendige Vermächtnis ihres Gründers Wolfgang Graf Berghe von Trips. In seinem Geiste will und wird sie weiterbestehen und so seine Ideale in die nächsten Jahrzehnte, und damit ins nächste Jahrtausend, hinübertragen.

Gräflich Berghe von Trips'sche Sportstiftung zu Burg Hemmersbach

Inzwischen hat sich auch das Vermächtnis des vor dreißig Jahren in Monza tödlich verunglückten deutschen Rennfahrers erfüllt: Die »Gräflich Berghe von Trips'sche Sportstiftung zu Burg Hemmersbach« übergab am 13. Juni 1991 in Horrem der Öffentlichkeit das »Sportler-Kommunikationszentrum«.

Die am 22. Dezember 1973 von den Eltern – Thessa und Eduard Graf Berghe von Trips – errichtete und durch den Innenminister des Landes Nordrhein-Westfalen am 10. Oktober 1975 genehmigte Stiftung sieht – den Anregungen des verstorbenen Wolfgang von Trips folgend – als Stiftungszweck unter anderem auch die Schaffung eines Kommunikationszentrums vor. Das in etwas mehr als einjähriger Bauzeit in unmittelbarer Nähe der Burg Hemmersbach – dem Stammsitz der Trips'schen Familie – auf einer Grund- und Bodenfläche von rund 3000 qm errichtete Bauwerk ist im äußeren Stil älterer Baukunst nachempfunden. Auf einer Nutzfläche von ca. 480 qm bietet das Zentrum 60 bis 80 Personen Gelegenheit, an Lehrgängen, Tagungen und Seminaren teilzunehmen. Die Ausstattung der Räumlichkeiten vermittelt Schloßatmosphäre. Gleichwohl beinhalten moderne und zweckmäßige Einrichtungen – wie z. B. Simultansprechfunkeinrichtung, Videoübertragung und Fernsehanlage – alle Voraussetzungen, die heutzutage an eine moderne Tagungsstätte gestellt werden. Auch an die Bedürfnisse des leiblichen Wohls wurde in gepflegter und ansprechender Form gedacht.

Das neue Kommunikationszentrum macht es der Stiftung – bei der Reinold Louis am 14. Juni 1991 anstelle des nach 18jähriger Tätigkeit aus Gesundheitsgründen zurückgetretenen Paul Spielmanns den Vorsitz übernahm – möglich, sich verstärkt dem Bereich der Jugendförderung zuzuwenden.

Eine besondere Attraktion – speziell für die zahlreichen Anhänger von Wolfgang Graf Berghe von Trips – dürften die im ersten Stockwerk gelegenen musealen Räumlichkeiten und das Familienarchiv – zurückreichend bis ins 11. Jahrhundert – im Souterrain sein.

Ausstellungsraum
Gräflich Berghe von Trips'sche
Sportstiftung zu Burg Hemmersbach

Die im ersten Stockwerk des 1991 von der »Gräflich Berghe von Trips'schen Sportstiftung zu Burg Hemmersbach« errichteten Sportler-Kommunikationszentrums gelegenen musealen Räumlichkeiten sind in Gänze auf die Berghe von Trips'sche Stifterfamilie ausgerichtet.

Hier sind die Jagd- und Wohnräumlichkeiten von Gräfin Thessa und Eduard Graf Berghe von Trips – den Eltern des Renngrafen – dem tatsächlichem Zustand voll nachempfunden.

Für die zahlreichen Freunde und Verehrer des Renngrafen bietet ein Blick in dessen mit allen Originalutensilien ausgestatteten Wohn- und Arbeitsraum viel Interessantes. Der Schreibtisch sieht so aus, als hätte der beliebte und bis heute unvergessene Rennfahrer gestern noch daran gesessen und gearbeitet. Der verschlissene Lederkoffer, der Graf Wolfgang auf seinen zahlreichen Reisen in viele Länder rund um den Globus begleitete, liegt – wie schon vor dreißig Jahren – in der Ecke; das springende Ferrari-Pferd, ein persönliches Geschenk von Enzo Ferrari, steht auf dem Schreibtisch.

Bücher, Schallplatten, das geliebte und oft genutzte Grundig-Tonband – alles steht an seinem gewohnten Platz.

An der Zimmerwand sind auf zahlreichen Portraitfotos die Rennfahrerkollegen und -freunde der 60er Jahre verewigt: Juan Manuel Fangio, Stirling Moss, Mike Hawthorn, Jean Behra, Luigi Musso, Peter Collins, Joakim Bonnier, um nur einige zu nennen, mit denen Wolfgang Graf Berghe von Trips um Siege und Weltmeisterschaften kämpfte.

In den Regalen und Vitrinen stehen unzählige silber- und chromglitzernde Pokale und kunstvoll gestaltete Urkunden, die Zeugnisse von den Erfolgen auf vielen Rennpisten in aller Welt geben. Wolfgangs Rennfahrerbrillen und -helme, sein Stuhl-Ersatz in Form eines Sattels, der Renn-Overall und die vielen persönlichen Utensilien lassen etwas von dem Flair lebendig werden, das den erfolgreichsten deutschen Grand-Prix-Piloten stets umgab.

Die »Gräflich Berghe von Trips'sche Sportstiftung zu Burg Hemmersbach« gibt allen interessierten Trips-Fans Gelegenheit zu Besichtigungen der musealen Räumlichkeiten. Nach schriftlicher oder telefonischer Voranmeldung und erfolgter Bestätigung finden, auch an Wochenenden, Führungen mit Erläuterungen statt. Im Tagungsraum besteht die Möglichkeit zur Einnahme eines Imbisses, während über Video bisher unbekannte Filme – auch in Farbe – gezeigt werden, die Wolfgang Graf Berghe von Trips bei seinen vielen Reisen und Renneinsätzen mit einer 16 mm-Kamera selbst gedreht hat.

In den zurückliegenden fünf Jahren haben tausende Besucher das »Trips-Museum« besichtigen und zahlreiche Tagungsteilnehmer das Kommunikationszentrum nutzen können. Die von Graf Trips gegründete Scuderia Colonia hat hier ihre Heimstatt gefunden, der Deutsche Sportfahrer Kreis (DSK), dessen Gründungsmitglied Graf Trips war, hat hier ebenso getagt wie der Verein »Deutsches Sportmuseum«. Aber auch viele Automobilclubs nutzen die Gelegenheit, das Trips'sche Kommunikationszentrum für ihre Zwecke zu nutzen.

Nach einem Beschluß des Stiftungsrates wird das Trips'sche Kommunikationszentrum in den nächsten Jahren zu einem »Dokumentations-Zentrum des Automobil-Rennsports« ausgebaut. Materialien sind in Hülle und Fülle vorhanden; Pläne für den Ausbau und einen Museums-Anbau liegen vor. Was derzeit noch fehlt, sind die finanziellen Mittel. In thematischen Sonderaustellungen werden deshalb nach und nach kostbare und seltene Exponate auf den vorhandenen Flächen präsentiert.

Mit großer Spannung erwarten Stiftungsrat und Mitarbeiter die Premiere des Films »La Passione« im Herbst 1996. Popstar Chris Rea, Trips-Fan und Ferrari-Liebhaber, holte sich bei zahlreichen Besuchen in der Stiftung so manche Anregung für »seinen« abendfüllenden Spielfilm, zu dem auch ein Sound-Track erscheinen wird. Eine Schlüsselszene dieses Films wurde im Frühjahr 1996 an der Trips'schen Familiengruft gedreht und die Rea'sche Hommage an Graf Trips, Enzo Ferrari und den »way of life« der 60er Jahre wäre ohne das authentische Filmmaterial aus dem Trips'schen Nachlaß und die beratende Mitarbeit der Stiftung in dieser Form nie entstanden.

Und wenn alles so klappt, wie es abgesprochen ist, wird der für den Spielfilm bis auf die letzte Schraube exakt nachgebaute Tipo 156 Ferrari-Rennwagen demnächst im Trips'schen Museum zu besichtigen (und zu bewundern) sein.

Anschrift:
Gräflich Berghe von Trips'sche
Sportstiftung zu Burg Hemmersbach
Fischbachstraße 49a,
50127 Bergheim-Quadrath
Telefon: 0 22 73/6 92 69
Telefax: 0 22 73/6 92 84

Bei den Dreharbeiten zu „Il Passione“
an Graf Berghe von Trips’ Grab

Chris Rea und seine beiden
Ferrari-Nachbauten im Fotostudio

TEXT DER MÜNDLICHEN ABSPRACHE

Bezugnehmend auf unsere mündliche Absprache vom heutigen Tage sind wir übereingekommen, daß die Scuderia Ferrari Herrn Wolfgang Berghe von Trips für alle Rennen, bei denen die Scuderia Ferrari seine Teilnahme wünscht, ein Auto zur Verfügung stellt, das aus ihrer Fabrikation stammt, von ihr verwaltet wird oder ihr zur Verfügung gestellt wird.

Herr Wolfgang von Trips ist verpflichtet, pünktlich auf den Rennplätzen zu erscheinen, um am Training und an den Rennen teilzunehmen und auch bei den Tests anwesend zu sein, bei denen die Scuderia Ferrari seine Anwesenheit und Mitarbeit wünscht.

Für Dienste, Reisekosten etc. von Wolfgang von Trips wird festgelegt, daß 50% des Startgeldes und des Preisgeldes, die die Scuderia Ferrari für seine Teilnahme an jedem einzelnen Rennen erhält, ihm zustehen und nach Erhalt an ihn ausgezahlt werden, während die verbleibenden 50% als Kompensation für die dadurch entstehenden Belastungen der Scuderia Ferrari zustehen.

Es wird gleichfalls festgelegt, daß alle 'Ausgaben für Reise und Unterkunft, notwendig und folgend aus seinen Aktivitäten, wie oben genannt, auf Kosten von Herrn Wolfgang von Trips gehen, ausgenommen der Kosten von Flug- und Schiffstickets für Transporte nach Übersee oder für solche Transporte, wenn der Organisator kein Startgeld zahlt und die Scuderia Ferrari über die Teilnahme entscheidet.

Als Ergebnis der mündlichen Vereinbarung wird Herr Wolfgang von Trips seinen Wohnsitz bei c/o Scuderia Ferrari in Modena festlegen.

Auf Kosten der Scuderia Ferrari gehen die Prämien der Lebensversicherung, die laut Police von der CSAI bei der SARA, Nummer . . . , abgeschlossen wird und auch die Prämien, die sich aus der Hapftpflicht

(Schaden Dritter)-Versicherung in Rennen ergeben, abgeschlossen von der Scuderia Ferrari mit der L'Assicuratrice Italiana, beide Policen sind Herrn Wolfgang von Trips bestens bekannt und finden seine Zustimmung.

Diese Vereinbarung ist gültig für den Zeitraum vom 1. Januar bis 31. Dezember 1957 und bevor sie gültig wird, stimmt Herr Wolfgang von Trips einer ersten Option für die Scuderia Ferrari zur Fortsetzung seiner Dienste für den nächsten Zeitraum von zwölf Monaten zu, vorausgesetzt, sie bringt beiden Seiten den Erfolg, den wir beide uns davon erhoffen.

Herrn Wolfgang von Trips werden sie außerdem die 50% von eventuellen Preisgeldern, nach Erhalt, zahlen, die die Zubehörfirmen für Reifen, Zündkerzen, Benzin, Schmierstoffe etc. (die die Scuderia Ferrari möglicherweise in den Rennen gebrauchen/einsetzen wird), als Ergebnis aus den Plazierungen, die er in den Rennen erreicht, zahlen.

Wir danken der
»Gräflich Berghe von Trips'sche Sportstiftung
zu Burg Hemmersbach« für die Überlassung
der Fotos und Dokumente.
Dank für weitere Fotos an:
Daimler-Benz AG, Heinrich Esch,
Ferrari, Elfriede Floßdorf, Franz-Christoph Heel,
Günther Molter, Porsche AG, Hans-Peter Seufert,
Ilona Steinel, Sepp Wagner, Josef Weitz.
Die in diesem Album veröffentlichten wörtlichen Zitate
von Wolfgang Graf Berghe von Trips sind
auszugsweise dem Buch »Wolfgang Graf Berghe von Trips«,
Biographie von Reinold Louis entnommen.